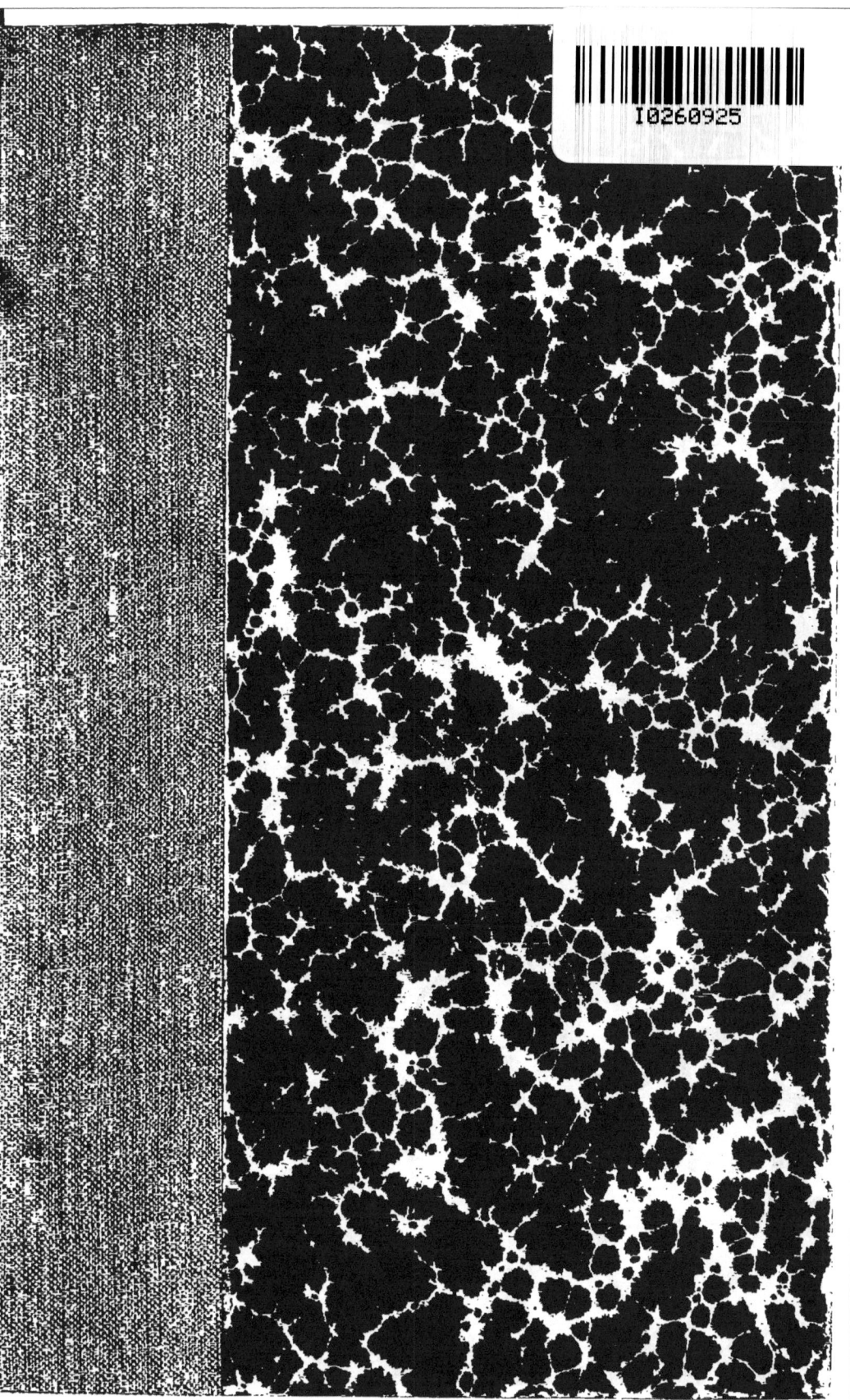

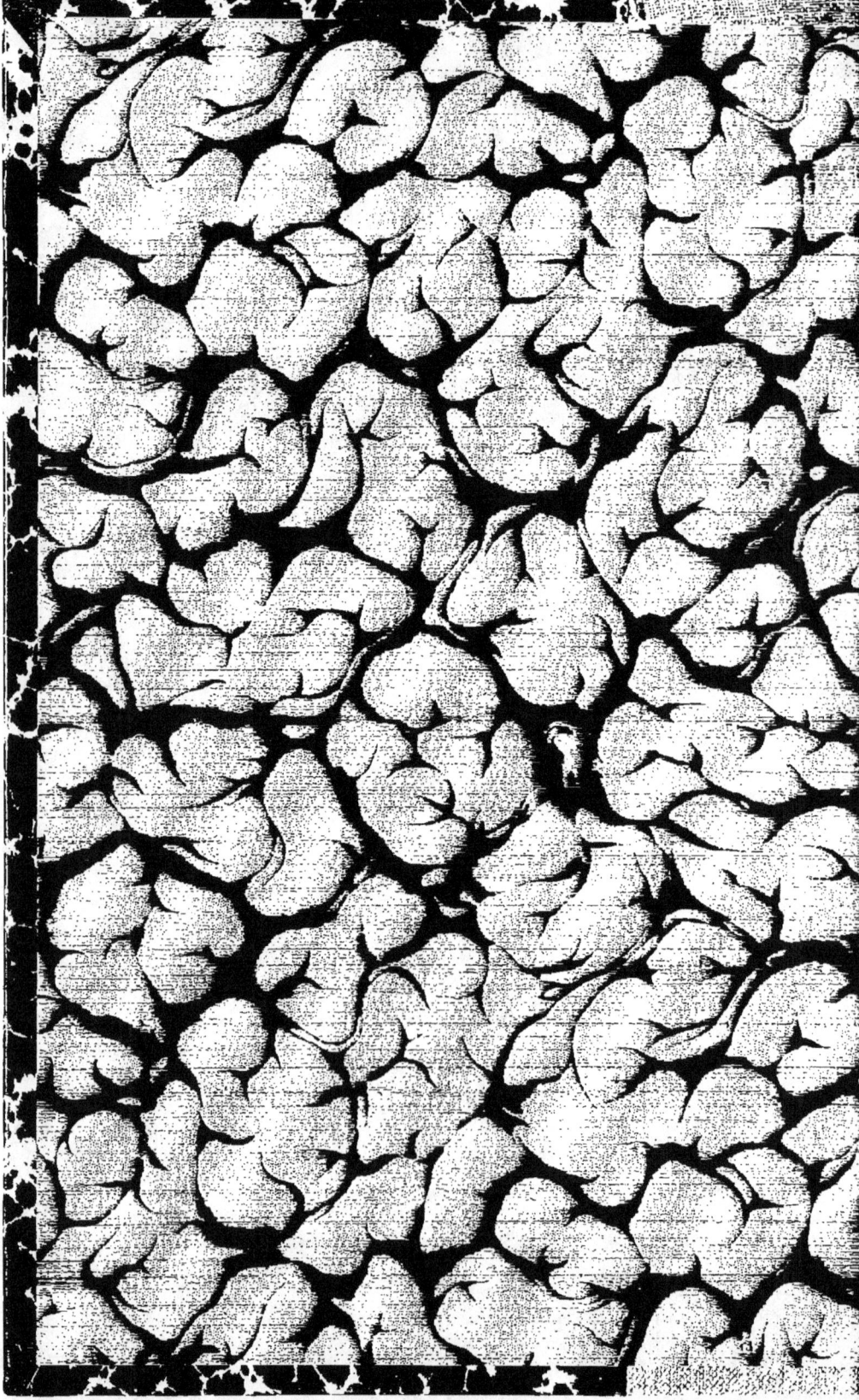

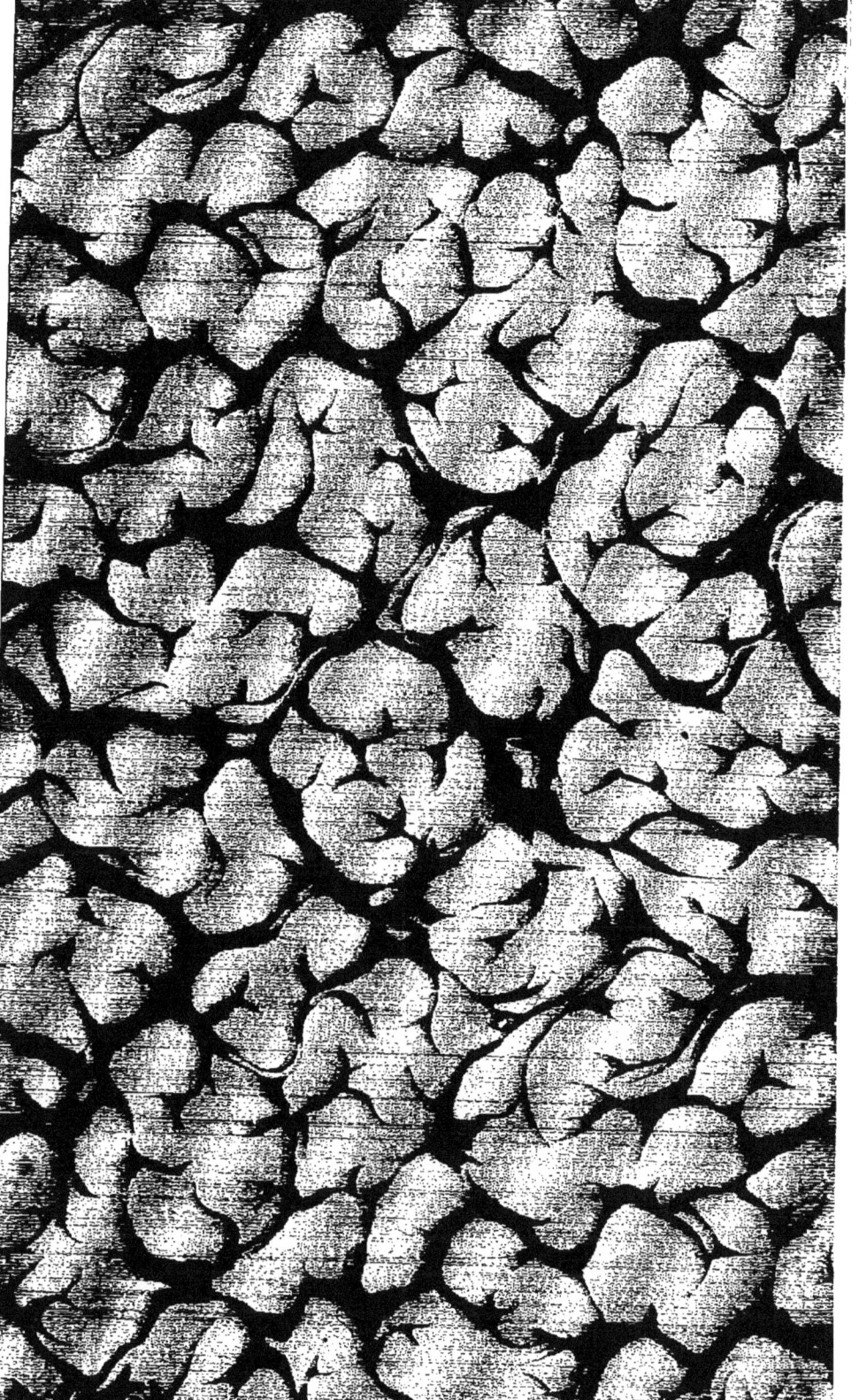

STEMPFER-REL.

VIE

DE

LOUIS-MAXIMILIEN DURU

PRÊTRE DU DIOCÈSE DE SENS

PAR

l'Abbé MOTHERÉ

Curé de Perrigny.

MONTEREAU-FAULT-YONNE
L. ZANOTE, IMPRIMEUR-ÉDITEUR

1871

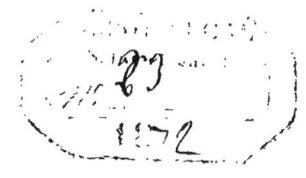

VIE DE L'ABBÉ DURU.

VIE

DE

LOUIS-MAXIMILIEN DURU

PRÊTRE DU DIOCÈSE DE SENS

PAR

l'Abbé MOTHERÉ

Curé de Perrigny

MONTEREAU-FAULT-YONNE

L. ZANOTE, IMPRIMEUR-ÉDITEUR

1871

CHAPITRE I.

1804 — 1822

CHAPITRE I.

1804—1822

Enfance de Louis-Maximilien Duru. — Ses premières études à LA PETITE COMMUNAUTÉ de Paris. — Il reçoit la tonsure et le saint habit. — Il est nommé clerc de la maison du Roi.

L'abbé Duru est né le 23 mars 1804, à Villeneuve-le-Roi, jolie petite ville bâtie par Louis VI, sur les bords de l'Yonne. Son père, André-François Duru, faisait le commerce de vins en gros; sa mère, Geneviève-Hélène Vaudoux, était fille du régisseur du château de Passy.

Dès le lendemain de sa naissance, l'enfant fut porté à l'église et reçut, avec le baptême, les noms de Louis-Maximilien.

Il était si chétif qu'on désespérait de le pouvoir élever. Mais les soins maternels triomphèrent de sa faiblesse native ; et bientôt on le vit grandir sans avoir à craindre pour ses jours.

Cependant un phénomène singulier se produisait en lui. A mesure que le jour baissait, il devenait triste, inquiet, taciturne. Quand au contraire apparaissait la lumière, sa figure s'épanouissait ; il reprenait sur-le-champ sa vivacité et sa gaieté ordinaires. On soupçonna une infirmité des yeux : en effet, l'enfant était né avec une héméralopie.

Par suite de cette infirmité, Louis-Maximilien ne pouvant plus distinguer, dès la chute du jour, ni les objets, ni les personnes, contracta l'habitude de rester à la maison paternelle. Il ne recherchait pas les enfants de son âge. Sa ville natale, malgré le calme qui y règne d'ordinaire, lui paraissait encore trop bruyante ; il préférait le calme des champs.

Aussi, un de ses plus doux plaisirs

était d'aller à Passy, passer quelques jours chez sa bisaïeule. Celle-ci, de son côté, vivant seule dans sa chaumière, eut voulu le posséder toujours. Quand elle était restée longtemps sans le voir, elle n'y tenait plus : s'aidant de son long bâton, elle gravissait lentement la montagne et descendait à Villeneuve pour essayer d'en ramener son petit Louis. Le petit Louis, à la vue de sa bonne-maman Vaudoux, courait à elle, et la conduisait près de sa mère ; Mme Duru, trop faible pour résister aux désirs de deux êtres si chers, les laissait partir après les avoir embrassés tendrement l'un et l'autre. L'enfant bondissait de joie. Il allait goûter les plaisirs de la campagne : entendre le chant des oiseaux, fouler l'herbe des prés, cultiver les fleurs.

Pendant le temps qu'il était à Passy, il aperçut chez un voisin de sa bisaïeule, un objet nouveau pour lui : une gourde. Cette gourde le séduisit. Il s'extasia sur sa forme et sur sa couleur, laissa percer l'envie d'en avoir une pareille, et finalement pria le possesseur de la lui donner. On refusa : il revint à la charge. On tint bon : il redoubla d'instances. Puis, voyant tous ses efforts inutiles, il feignit de renoncer à son désir, et demanda seulement à voir l'objet de plus près, à le toucher ne fût-ce qu'un instant. Le brave homme tomba dans le piége, et remit la gourde à l'enfant qui, la tenant entre ses mains, ne voulut plus s'en dessaisir. « Vous voulez bien me la donner, disait-il, n'est-ce pas, vous me la donnez? — Eh bien oui, je te la donne, répondit-on, vaincu enfin par tant de persévérance; seulement, j'y mets une condition, c'est que tu diras une messe pour moi lorsque tu seras prêtre. » La condition fut acceptée; et elle fut remplie.

Ce trait, tout en révélant le caractère du petit Louis, l'ardeur de ses désirs, la fermeté de sa volonté, prouve que de bonne heure il montrait de la vocation pour l'état ecclésiastique

Et en effet, tels étaient déjà son esprit de foi, son amour des cérémonies religieuses, son édifiante tenue à l'église qu'on l'appelait, à Passy comme à Villeneuve, *le petit curé*. Ce n'était là toutefois qu'une conjecture. Mais cette conjecture devint bientôt une probabilité, une certitude. La piété toujours croissante de Louis-Maximilien, la régularité de plus en plus parfaite de sa conduite, son éloignement des plaisirs même légitimes du monde, ne laissaient plus aucun doute sur sa vocation. D'ailleurs, il disait hautement qu'il voulait être prêtre.

Mme Duru voyait avec un vif bonheur les germes des vertus qu'elle avait eu soin de déposer dans le cœur de son fils, prendre un si bel accroissement, promettre un fruit si magnifique. Il n'en était pas de même de M. François Duru. Celui-ci, encore imbu des préjugés du monde et privé des saines lumières de la foi, ne comprenait pas, comme il l'a compris depuis, tout ce qu'il y a de vraie grandeur, tout ce que l'on peut goûter de sainte félicité dans le ministère sacerdotal. M. Duru rêvait pour son fils une carrière, à ses yeux, plus honorable et plus heureuse. Néanmoins il ne le contraria pas, lui fit donner des leçons de latin et résolut, quand il le vit atteindre sa quatorzième année, de l'envoyer continuer ses études à Paris, à *la Petite Communauté* (*).

Le pieux et studieux écolier appelait depuis longtemps de ses vœux le jour où il lui serait donné de se former, sous la conduite de sages directeurs, à la pratique de toutes les vertus, de puiser, chez des maîtres habiles, la science dont il était avide.

Cependant, quand arriva le moment du

(*) C'était une maison d'éducation fondée, rue du Regard, par M. l'abbé Theysseire, ancien officier de l'Ecole polytechnique et prêtre recommandable à tous les titres.

épart, sa joie ne fut pas sans mélange.

S'en aller seul dans une ville inconnue, lui qui n'avait jamais quitté le toit paternel; s'éloigner pour la première fois de ses parents et de ses jeunes frères et sœurs, auprès desquels il avait coulé des jours si calmes et si doux; c'était bien dur à son cœur. Il ne pouvait s'arracher à tant d'objets si chers; et, pour le déterminer à partir, sa mère fut obligée de l'accompagner jusqu'à Sens.

Dans la voiture où il était monté, se trouvaient, avec un élève de *la Petite Communauté* (*), des voyageurs partis des bords du Rhône et se rendant au Brésil. Ni les prévenances de son futur condisciple, ni les gais propos des voyageurs qui se promettaient de s'enrichir dans le Nouveau-Monde ne purent le distraire de ses pénibles pensées. La folle joie de ces derniers, au lieu de faire diversion à sa douleur, ne contribuait

---

(*) Le jeune Thomas, aujourd'hui chanoine de la métropole de Sens.

qu'à l'aigrir. Il ne comprenait pas qu'on pût, en chantant, quitter pour des contrées inconnues et lointaines, son pays, ses amis, sa famille.

A son arrivée à Paris, nouveau sujet de peine. Le supérieur de *la Petite Communauté*, M. l'abbé Theysseire, qui l'avait admis sans prévenir personne, était mort le 23 août précédent, à l'âge de 33 ans. Louis-Maximilien n'était donc pas attendu. Dans la soirée, le pieux M. Poiloup, successeur de M. Theysseire, l'appela au parloir, le fit asseoir à ses côtés et lui dit : « Nous ne vous attendions pas. Pour vous comme pour plusieurs autres, nous sommes pris au dépourvu ; les dortoirs sont pleins ; il faudra que vous alliez coucher dans une maison du voisinage. » Aucune mesure n'était plus propre à contrister Louis-Maximilien, qui ne voyait pas à se conduire pendant la nuit. Aussi ne put-il s'y résigner, et comme on insistait, en lui faisant observer que cet état de choses lurerait au plus quelques jours : « Monsieur, s'écria-t-il, je suis venu ici; c'est ci que je coucherai; je ne me déciderai pas à aller ailleurs. » L'excellent supérieur, touché de l'accent de douleur et de la fermeté avec lesquels le nouvel élève prononça ces mots, l'embrassa affectueusement et l'assura qu'il resterait dans la maison. Puis il alla raconter cette scène à l'économe de l'établissement, M. Georget, qui ne cessa de témoigner au jeune Duru une bienveillance particulière.

Au reste, maîtres et élèves, tous se montraient excellents. Dès la première récréation, Louis-Maximilien se vit entouré de condisciples pleins de prévenances pour lui. C'étaient MM. de Roquefeuil, membre du clergé de Paris; Motheau, longtemps curé du diocèse de Meaux, aujourd'hui retiré à Fontainebleau; Chauveau, mort vicaire-général de Sens; Surat, grand-vicaire de Paris, massacré à la Roquette; Balme-Frézol, aumônier de la Visitation de Courbevoie, auteur de plusieurs ouvrages dont un assez célèbre sur l'éducation des filles, etc. Il vit aussi là, mais pendant quelque temps seulement, Félix Dupanloup, dont il admirait l'ardeur pour l'étude et pour le jeu.

Avec l'esprit de charité qui régnait à *la Petite Communauté,* Louis-Maximilien aurait dû se trouver heureux, surtout après avoir si longtemps et si ardemment désiré d'y entrer. Mais l'éloignement de sa famille et le souvenir des larmes dont sa mère l'avait arrosé en le quittant, produisirent sur son âme une impression si vive qu'il tomba dans une mélancolie extrême. Pour pleurer plus librement, il allait se cacher dans un coin obscur de la chapelle: et là, il disait à Dieu ses tristesses et son découragement. Puis, soulagé par une fervente prière, il rejoignait ses camarades et s'efforçait de partager leurs jeux, de peur qu'on ne s'aperçût de son chagrin. Si on le découvre, se disait-il, on me renverra à

Villeneuve; et alors plus d'études, plus de possibilité pour moi d'arriver au sacerdoce.

Ses supérieurs cependant ne tardèrent pas à remarquer avec inquiétude qu'il avait perdu l'appétit et que ses traits s'altéraient. Ils lui firent donner une nourriture plus délicate et plus substantielle; surtout, ils lui témoignèrent un plus bienveillant et plus affectueux intérêt. L'un d'eux en particulier (*), l'entoura d'une continuelle sollicitude. A toutes les récréations, il se promenait avec son protégé et cherchait par tous les moyens possibles à le consoler, à l'égayer.

Grâce à tant de soins et d'attentions, le délicat et mélancolique jeune homme recouvra insensiblement, avec sa gaieté ordinaire, ses forces physiques. A partir de cette époque, il put se livrer à l'étude

(*) C'était M. Thomas. Il fut bien connu dans le diocèse de Sens où il rentra plus tard. Sa rare piété l'avait fait surnommer *Thomas-Bon-Dieu*.

avec ardeur, et nourrir l'espérance de voir un jour se réaliser son vif et constant désir d'être prêtre.

Cet heureux jour était encore bien éloigné : Louis-Maximilien ne devait pas recevoir les saints ordres avant l'âge de trente ans. Et cependant, avant qu'il eut accompli sa seizième année, ses supérieurs voyant en lui des marques certaines de vocation, l'appelèrent à la tonsure. Il la reçut, le 27 mai 1820, des mains de Mgr de Quélen qui l'avait confirmé l'année précédente dans l'église Saint-Sulpice.

Si l'on considère, d'une part, le peu d'attrait, l'indifférence, le dégoût même que déjà lui inspirait le monde, et le choix qu'il avait toujours fait du Seigneur pour son partage ; si, d'autre part, on se représente l'extrême sensibilité de son âme, la facilité avec laquelle il se livrait à la joie comme à la tristesse, on comprendra tout ce qu'il dut éprouver de fortes et délicieuses émotions, en

ecevant la couronne cléricale, en faisant
on premier pas dans la voie du sacerdoce.

Une chose pourtant manquait à son
bonheur. M. François Duru, marié pendant les guerres désastreuses du premier empire, avait été obligé, pour ne
point se séparer de sa chère et vertueuse
épouse, de se racheter deux fois du service militaire, au prix de sommes énor-
mes. Ce dur sacrifice, joint aux dépenses
plus considérables encore nécessitées par
l'entretien et l'éducation de six enfants,
l'avait mis dans la gêne. Louis-Maximilien le savait et il aurait voulu ne rien
coûter à son père.

Il y avait bien un moyen. Les clercs
de la chapelle royale étaient pris parmi
les élèves de *la Petite Communauté* et
obtenaient, en raison de leurs services,
une bourse entière. Seulement n'étaient
nommés que les plus méritants et il s'a-
gissait d'attirer sur soi le choix des supérieurs.

Dans ce but, le studieux et pieux élève redoubla de zèle. Il réussit. Le 31 mars 1821, il recevait de Mgr l'archevêque de Paris, sa nomination de clerc boursier de la chapelle du Roi (*).

A la fin de l'année suivante, le jeune Duru quitta *la Petite Communauté.* Il y était resté quatre ans, aimé de ses maîtres et de ses condisciples.

(*) « Nous Alexandre-Angélique de Talleyrand-Périgord, cardinal prêtre de la sainte église romaine, archevêque de Paris, pair et grand-aumônier de France, primicier du chapitre royal de Saint-Denis,

Avons nommé et nommons M. DURU Louis, clerc boursier de la chapelle du Roi, en remplacement de M. Montalent.

CHAPITRE II.

1822 — 1830

CHAPITRE II.

1822—1830

Louis-Maximilien Duru entre en qualité de maître d'étude et devient professeur au collége de Joigny. — Ses relations avec M. l'abbé Lallier. — Son zèle pour le salut des âmes. — Ses études. — La révolution de 1830 le force de quitter Joigny.

Après avoir passé une année au collége mixte de Sens pour achever ses humanités, Louis-Maximilien entra, en qualité de maître d'étude, au collége de Joigny, alors dirigé par M. l'abbé Lallier.

Le tact avec lequel il remplit ses nouvelles fonctions, la distinction de ses manières, ses rares moyens intellectuels et surtout sa vertu ne tardèrent pas à lui concilier l'estime et l'affection de son principal. Principal et Maître d'étude se lièrent même d'une étroite amitié. Il n'était guère de jour où on ne les vît, à leur premier moment de loisir, sortir ensemble dans la campagne. Les deux amis ne se quittaient pas et paraissaient ne faire qu'un cœur et qu'une âme.

Quelques petits nuages s'élevaient bien entre eux. M. Lallier, préoccupé par les affaires du collége, ou absorbé dans ses travaux littéraires, n'était pas toujours aussi expansif. M. Duru, de son côté, avait une nature très-impressionnable, peut-être susceptible. De là, de temps en temps, un peu de froideur, froideur passagère du reste, ainsi que le prouve le trait suivant.

Le Principal avait remplacé le lait, déjeûner du matin, par des petits radis. Le Maître d'étude reçut mal les nouveaux venus et se fit servir, à ses frais, son déjeûner ordinaire. Il n'en fallut pas davantage pour brouiller nos deux amis.

Plus de travaux en commun, plus d'intimes conversations, plus de promenades joyeuses; on se boude, on s'évite, on ne veut plus ni se voir ni s'entendre. Quelques jours après, ils se trouvent ensemble à l'entrée du réfectoire. D'un air grave et cérémonieux, ils veulent se livrer passage; mais, leurs yeux venant à se rencontrer, tous deux partent d'un grand éclat de rire.

Au reste, ce n'était pas seulement avec son maître d'étude que M. Lallier, si bienveillant et si poli, se montrait, à certains jours, froid, laconique; c'était encore avec les parents des élèves et les gens du monde. On s'en plaignait. M. Duru crut devoir lui faire la correction fraternelle, et la façon piquante dont il s'y prit fournit une nouvelle preuve de leur bonne amitié. Il imagina, avec M. le curé de Cézy, de rendre au Principal une visite pendant laquelle, imitant sa froideur et son laconisme, ils le laisseraient faire tous les frais de la conversation. M. Lallier ne se doutait de rien. En voyant entrer les deux visiteurs, il ne chercha pas même à dissimuler son déplaisir d'être inopportunément arraché à ses occupations. Néanmoins, il offrit des siéges, et la conversation suivante s'engagea : « Messieurs, je vous présente mes respects. — Nous avons, monsieur, l'honneur de vous saluer. » Au bout de quelques secondes : « Quel est le motif qui me vaut en ce moment l'avantage de votre visite? — Pas d'autre, monsieur le Principal, que celui de vous présenter nos devoirs et de jouir de votre intéressante conversation. » Après un long et profond silence : « Le temps est beau aujourd'hui. — Très-beau. — Votre santé, monsieur le curé de Cézy, est bonne? — Très-bonne. — Mais, mon Dieu, s'écrie enfin M. Lallier impatienté, quelle figure vous faites! » A ces mots, les visiteurs d'éclater de rire et de répliquer : « Absolument, monsieur, la figure que vous faites aux dames qui vous viennent voir. » Le bon principal comprit la leçon, en rit de tout son cœur et promit de se corriger.

Cependant, un homme du mérite de M. Lallier ne pouvait rester longtemps dans un collége aussi peu important que celui de Joigny. Déjà on parlait pour lui d'un collége royal; et quelques mois plus tard, en 1825, M. le Ministre de l'Instruction publique le nommait proviseur du collége d'Orléans.

Les deux amis allaient donc être obligés de se séparer. Mais ni la distance, ni le temps, ni la disproportion de position ne devaient détruire le lien qui les unissait. Le Proviseur d'Orléans, dans l'exercice de son honorable charge, n'oublia point son ancien maître d'étude de Joigny : « Causons un peu, lui écrivait-il un jour, sans ordre, sans suite, sans contention d'esprit; et que dans cette agréable illusion, je me croie encore près de vous. » Et une autre fois : « Votre lettre m'a été d'une grande consolation.

Ecrivez-moi souvent, puisque nous n'avons plus d'autre moyen de nous entretenir. »

Ils s'écrivaient souvent en effet, se confiant toutes leurs peines comme toutes leurs joies. Néanmoins, cette correspondance, si fréquente et si intime qu'elle fût, ne pouvait remplacer leurs anciens entretiens. M. Lallier s'en plaignait : « Il m'en coûte, cher abbé, d'être séparé de vous. Quoique je n'aie qu'à me louer de ces messieurs, ce n'est plus l'épanchement, la confiance. La séparation, passé les premiers instants, a dû vous être plus sensible qu'à moi; non pas que j'aime moins, mais c'est que j'ai été saisi tout entier par une foule de sollicitudes et d'embarras, qui ne m'ont pas laissé un instant à moi-même et m'ont procuré une véritable distraction. Cependant quels déchirements n'éprouvai-je pas dans mes adieux! Que vos lettres m'ont été douces! Avec quel plaisir je les ai lues et relues! Je croyais vous voir encore..... Ecrivez-moi donc très-souvent et ne craignez pas d'entrer dans trop de détails. Les moindres circonstances qui rappellent la patrie sont si importantes pour un exilé. »

Pour charmer les ennuis de son exil, pour continuer ces doux épanchements du cœur si regrettés, pour faire revivre les jours passés, M. Lallier avait un moyen facile : c'était d'appeler auprès de lui son jeune ami. Il y songea. Seulement craignant de ne pouvoir rester longtemps à Orléans, il hésitait à réaliser son projet. Deux ans après, les choses en étaient encore au même point. Dans une lettre où il reproche à M. Duru son silence, il disait : « Je voudrais bien vous avoir auprès de moi. Mais je suis aussi irrésolu, aussi incertain qu'au premier moment et j'ignore toujours si je resterai. »

Le nouveau proviseur avait, en arrivant, trouvé des réformes à faire, des désordres à réprimer. A force de prudence et de fermeté, grâce à l'autorité que lui donnait sa réputation, il avait facilement triomphé des difficultés intérieures. Il n'en fut pas de même des difficultés qui lui venaient du dehors. M. Lallier se plaignait au confident de ses pensées d'avoir bien des ennuis, d'éprouver bien des contrariétés, de dévorer même bien des chagrins : « Que m'importe, ajoutait-il, que mes chaînes soient d'or! elles n'en sont pas moins des chaînes. Ces titres de Proviseur, Docteur-ès-lettres, Doyen, Président n'ajoutent rien ni au mérite ni au bonheur. C'est tout de bon que je me plains et que je désire mourir au gîte, comme un pigeon imprudent qui a voulu voyager. »

Cette lettre est du 15 avril 1827. Aux vacances suivantes, M. l'abbé Lallier quittait l'Université et rentrait dans le diocèse, où il fut successivement curé de Vallery, doyen de Brienon, grand-vicaire et chanoine titulaire de Sens.

Depuis lors, si le lien qui unissait les

eux amis put avec le temps cesser d'ê-
e aussi tendre, il ne perdit rien de sa
rce. Leur correspondance, à part quel-
ues exceptions, n'offrira plus les mêmes
panchements de cœur; elle ne laissera
as d'attester leur impérissable affection,
omme aussi, ce qui en est la consé-
uence et l'effet tout à la fois, la simili-
ude de leurs goûts.

Pendant très longtemps, un des sujets
es plus ordinaires de leurs lettres fut la
ttérature. Ils se communiquaient leurs
ravaux, les révisaient, les corrigeaient.

M. Lallier voulut même perpétuer le
ouvenir de ce doux commerce. Il dédia
son ami, en même temps qu'à M. le
)r Paradis, son *Odyssée*, éditée par son
eveu M. Lallier, président du tribunal
ivil de Sens (*).

(*) Sur le premier *Carmina*, imprimé à Sens, en 1830,
avait écrit de sa main :
D° LUDIVICO-MAX. DURU
ui constantis amicitiœ cura, me luctuosis in diebus
nœrentem consolatus est et penè fatiscentem sublevavit,

M. Duru ne s'en doutait pas. Aussi l'on peut juger de sa surprise et de sa joie quand, recevant un exemplaire de l'ouvrage, il lut ces lignes :

D. Ludo-Maxo Duru,
PRESBYTERO,
SCHOLÆ NORMALIS ET DEMENTIUM HOSPITII
IN SACRIS ADMINISTRO,
LITTERARUM AMANTISSIMO ET EGREGIO CULTORI,
QUI ME QUONDAM, IN JOVINIACENSI COLLEGIO,
AD INFORMANDOS PUERORUM ANIMOS POTISSIMUM ADJUVIT,
QUIQUE, PER FAUSTOS MALOSVE DIES,
IN UTRAQUE FORTUNA, SINCERO PROSECUTUS AMORE,
VEL DECORAVIT, VEL REFOVIT ;
. . . .
HANC ODYSSEAM LATINAM,
QUANTULUMCUMQUE OPUS,
MEMORIS ET ADDICTISSIMI ANIMI
MONUMENTUM AC PIGNUS
OFFERO ET DICO.

A la vue de ce nouveau témoignage de leur vieille amitié, il ne put maîtriser son émotion et ses yeux se remplirent de larmes.

Peu de temps après le départ de M. Lallier pour Orléans, M. Duru avait

---

Hoc exiguum quidem, fidum tamen memoris animi, pignus offero et dico.
Joviniani, anno Di 1830, die 8bris 17a.
J. L.

été nommé professeur de troisième et de quatrième. Les petites allocutions qu'il adressa à ses élèves et les lettres de ces derniers témoignent toutes de son zèle à cultiver leur esprit et surtout à former leur cœur. Il savait que, si les connaissances humaines affermissent le chrétien dans sa foi, elles sont trop souvent une arme dangereuse pour l'impie et l'homme vicieux. Aussi, dès qu'il se vit chargé des jeunes gens, son but principal fût-il d'en faire avant tout des chrétiens, d'établir en eux la foi et la piété comme base de leur science.

En même temps, il songeait au salut des âmes et s'efforçait de faire partager ses convictions religieuses à toutes les personnes qui avaient avec lui des rapports d'amitié et d'étude. Ce qu'il écrivit alors dans ce noble but formerait un volume.

Son zèle ne devait pas rester infructueux. Il eut le bonheur de ramener à Dieu plusieurs pécheurs. MM. les Curés ne pouvaient que l'encourager. Ils lui agrandirent le champ de son apostolat et l'invitèrent, bien qu'il ne fût que simple clerc tonsuré, à adresser à leur peuple la parole divine. C'est ainsi que M. Duru prêcha pour la première fois à Cézy, un jour de première communion, et fit depuis, à Saint-Jean de Joigny, plusieurs allocutions aux membres de la confrérie du Rosaire.

A ces occupations toutes sacerdotales et à l'étude de la théologie venaient s'ajouter d'autres travaux. Le jeune professeur décrivit dans de gracieuses poésies les principaux sites de Joigny : le *Mail* et ses ombrages séculaires, le *Calvaire* et son pieux solitaire, *l'Yonne* serpentant dans les prairies, etc. Il composa même quelques joyeuses et innocentes chansons que ses amis et lui chantaient, en s'accompagnant sur une guitare. Enfin, il mit en vers français *La Thébaïde* de Chateaubriand, prêtant ainsi, selon l'expression de ce dernier, « *les ailes de sa muse à la muse pédestre* » de l'illustre écrivain (*).

M. Duru s'occuppa aussi de botanique. L'étude de cette branche si intéressante de l'histoire naturelle, qui n'était d'abord pour lui qu'une simple récréation, devint bientôt un véritable travail auquel il associa deux militaires de ses amis. L'un, M. Prisset, brave et studieux officier du 3me hussards, était chargé de recueillir les plantes; l'autre, M. Gillet, artiste attaché au même régiment, devait les dessiner, tandis que lui, dans une suite de lettres en vers, en décrirait les formes, les propriétés et l'histoire.

Déjà l'*Atlas* ou recueil de dessins, représentait, avec leurs tiges, leurs feuilles, leurs fleurs et leurs couleurs variées, une centaine de plantes; déjà l'herbier était assez riche et la *Flore poétique* comptait environ cinquante lettres descriptives.

(*) V. Appendice § 5.

Les trois collaborateurs, rivalisant d'ardeur, menaient l'œuvre assez rapidement, lorsque le 3me hussards reçut l'ordre de quitter Joigny.

Resté seul, M. Duru n'en continua pas moins sa *Flore poétique*; il y consacrait tous ses loisirs et en faisait ses plus chères délices.

Et ainsi les jours, partagés entre les devoirs du professorat et les plaisirs de l'étude, s'écoulaient pour lui pleins, tranquilles, heureux et rapides.

Dans cette condition, il aurait désiré de rester longtemps au collége de Joigny, mais la révolution de 1830 allait l'en chasser.

Depuis quelque temps déjà on lui suscitait des contrariétés. On redoutait ses censures.

Ce n'est pas cependant qu'il révélât tout ce que remarquait son œil observateur et sagace. En voici une preuve. A la fin d'une année scolaire, un des premiers fonctionnaires du pays (*) présidait la distribution des prix. Quand M. le Principal eut cessé de parler, M. le Président se leva, promena lentement sur l'assemblée un sourire plein de grâce et de suffisance, et d'une voix solennelle commença son discours, écrit du reste sur un fort beau papier. Les auditeurs instruits et lettrés s'étaient promis de s'égayer aux dépens de l'orateur. Non seulement ils ne trouvèrent rien à critiquer, mais ils furent contraints de reconnaître que le fond et la forme, tout était parfait. M. Duru soupçonna un larcin. Rentré chez lui, il prit un recueil de discours choisis de distributions de prix et ne l'eût pas plus tôt ouvert que ses yeux tombèrent sur le fameux discours. Dans le même instant, M. le Principal passait dans la cour. Sans plus de réflexion, M. Duru l'appelle pour lui

---

(*) C'était le même à qui il échappa un jour de dire « qu'une salle finirait par devenir sonore, au fur et à mesure que *la vo x s'incrusterait dans les murs.* »

faire part de sa découverte : « La singulière chose, s'écrie-t-il triomphant, le discours de M. le Sous-Préfet que je trouve ici en...... » Il n'acheva pas et se déroba, interdit, muet, de façon à n'être plus vu. Tout en parlant, il avait tourné le feuillet et trouvé, avant le discours de M. le Sous-Préfet, celui de M. le Principal (*).

M. Duru fut discret : il ne révéla rien. Mais s'il savait garder le silence sur des faits simplement piquants, il n'agissait pas de même pour tout ce qui blessait la religion ou portait atteinte aux mœurs. Sous ce rapport il se montrait impitoyable. Quand sa conscience lui faisait un devoir de parler, aucune considération n'était capable d'enchaîner sa langue et de retenir captifs dans son cœur les sentiments de la justice et de la vérité.

M Duru avait vu....... et n'avait pas

(* C'étaient deux discours de Rollin.

craint de dénoncer le coupable. Il fallait à tout prix éloigner un témoin dont la présence devenait une sorte d'accusation perpétuelle. L'état des esprits, en 1830, offrait une bonne occasion de renvoyer d'un collége un ecclésiastique dont les idées et le langage étaient, comme on l'a dit, les idées et le langage d'un *Jésuite*. On en profita.

CHAPITRE III.

1830 — 1832

CHAPITRE III.

1830—1832

Séjour de M. Duru à Villeneuve-le-Roi. — Ses voyages à Paris. — Il entre au Petit-Séminaire d'Auxerre.

Après son départ de Joigny, M. Duru put concevoir un moment l'espérance de rentrer sous la direction de son ancien Principal. Celui-ci, en effet, lui disait dans une lettre de bonne année : « Où est le temps que nous n'avions que quelques pas à faire pour nous voir, nous embrasser et nous souhaiter, dans la sincérité de nos cœurs, tout ce qui pouvait nous rendre la vie douce et aimable? J'ai le pressentiment que ces temps ne sont point passés sans retour, et que nous nous retrouverons encore occupés l'un près de l'autre, des mêmes soins et des mêmes travaux. » M. l'abbé Lallier songeait alors au Petit-Séminaire d'Auxerre. On lui avait offert, on l'avait même pressé d'en être le Supérieur ; et, au cas qu'il eût accepté, il aurait emmené avec lui son jeune ami.

Mais l'avenir « gros d'orage » l'effraya. Craignant « d'exposer tant de jeunes gens aux fureurs possibles d'une populace égarée ; » de plus, voyant rejetées certaines conditions que, dans l'intérêt de l'établissement, il avait cru devoir mettre à son acceptation, M. Lallier remercia définitivement Mgr l'Archevêque de Sens. Le rêve des deux amis s'était encore une fois évanoui.

M. Duru tourna de nouveau ses regards vers l'Université. Il n'avait pas été destitué ; on l'avait seulement remplacé. Il osait espérer que cette mère ne serait pas assez dénaturée pour rejeter de son sein un fils qui ne lui avait jamais manqué d'égards et dont le seul tort, après tout, était d'avoir excité la haine par sa vertu.

Au risque d'être envoyé loin de sa famille, M. Duru fit solliciter une place. On ne lui répondit même pas. Il portait sur la tête la couronne cléricale; une soutane était son vêtement; dans son cœur régnait l'amour de Dieu et de l'Eglise; ses lèvres avec la science enseignaient la foi : c'en était beaucoup trop. A ces traits, l'Université pouvait-elle reconnaître son enfant ? Et l'admettre dans ses colléges, n'eut-ce pas été en compromettre la prospérité ?

Le collége de Joigny, en particulier, ne gagna pourtant guère à ne compter plus d'abbés parmi ses régents. M. l'abbé Lallier n'y était plus. M. l'abbé Bonneville (*) l'avait quitté. M. l'abbé Duru venait d'en sortir. Depuis, comme on voulait changer de principal, quelqu'un s'était proposé « qui, on l'avoua, conve-

(*) M. l'abbé Bonneville était de Villeneuve-le-Roi. Il est mort doyen de la faculté d'Aix.

nait sous tous les rapports ; et il avait été rejeté uniquement parce qu'il était ecclésiastique. »

Enfin, on s'était efforcé de soustraire l'établissement à toute influence religieuse, *de le purger de tout élément clérical*. Néanmoins, loin de prospérer, le collége de Joigny tombait de jour en jour. Une lettre de M. Lallier à M. Duru en fournit la preuve : « D'abord, j'ai été extrêmement fâché de votre départ, moi qui croyais, après mon long exil de Vallery, pouvoir jouir sans interruption et sans trouble de votre aimable société. Mais je vois bien aujourd'hui que la Providence arrange tout pour le mieux et qu'elle tire le bien du mal. Le collége est réduit à rien et diminue tous les jours. Point de pensionnaires ni de répétitionnaires ; par conséquent, point d'études. Il n'y a plus en tout qu'une vingtaine d'élèves au plus, dont un seul en rhétorique et un seul en seconde. D'autres vont encore partir. Si vous fussiez resté, la malignité de vos ennemis s'en fut prise à vous de cette déconfiture. Il faudra bien aujourd'hui en chercher la cause ailleurs. »

Malgré l'état déplorable de cette maison, M. Duru regrettait de n'y être plus. Vainement, M. Lallier lui représentait qu'il n'avait pas tenu à lui d'y rester et d'y travailler au bien des jeunes gens, que sa disgrâce l'honorait, qu'il avait souffert persécution à cause de ses sentiments chrétiens et de sa vertu : toutes ces considérations étaient impuissantes à le consoler de son inutilité.

M. Duru ne restait cependant pas désœuvré. Bien loin de là, le travail était sa passion. Il étudia la Sainte-Ecriture, dont il traduisit en vers une foule de passages et même des livres entiers. Dans l'espoir d'être utile aux jeunes littérateurs, il forma le projet de faire une *Bibliothèque des poëtes chrétiens (Bibliotheca poetarum christianorum)*, et de mettre en vers français des morceaux choisis de ces poëtes. Il entreprit, en vers français également, une traduction des *Tristes* d'Ovide. Il rendit, dans un certain nombre de gracieuses et fraîches poésies, tous les sentiments de douleur et de joie, de crainte et d'espérance, qui, à cette époque féconde en événements, se succédaient dans son âme vive et impressionnable. Sa *Thébaïde* commencée à Joigny fut achevée. Enfin, il continua ses intéressantes études sur la botanique et s'occupa d'entomologie.

De temps en temps, M. Duru allait demeurer à Paris chez son frère aîné. Mais le séjour de la capitale ne ralentissait en rien son ardeur pour le travail. Il suivait à Paris le même réglement de vie qu'à Villeneuve et se livrait aux mêmes études. Le Jardin des plantes remplaçait pour lui la vallée de Cochepi et favorisait ses goûts pour l'histoire naturelle. Trois ou quatre fois par semaine, il assistait à différents cours publics de la Sorbonne et du Collége de France. Il entendit les leçons du baron Thenard sur la chimie, celles d'Andrieux sur la poésie française et celles d'Ampère sur la physique. Des notes écrites de sa main prouvent qu'il suivit également un cours de langue hébraïque. Et cependant ce travail opiniâtre, ces études multiples ne satisfaisaient pas encore son esprit avide de science. « Si je n'étais pauvre comme Job, écrivait-il à sa sœur Eulalie, impatiente de le voir de retour à Villeneuve, je suivrais bien d'autres cours, mais cela coûte. Quand il fait mauvais, je prends les *Carolines*; et à cette petite dépense se joint celle de la toilette, car on ne trouve là que des gens bien mis. Je resterai ici le plus longtemps possible; je décrasse mon ignorance; il y a tant de choses que je voudrais conna'tre et dont je ne sais rien de rien. »

Consacrant toutes ses journées à des études qui faisaient ses plus chères délices, vivant à Paris aussi bien qu'à Villeneuve au milieu des siens, M. Duru aurait dû, ce semble, être heureux. Il ne l'était pas. Parfois même un indicible ennui s'emparait de son âme, et ses paroles, ses lettres, ses écrits, portaient l'empreinte d'une profonde mélancolie. Les beautés de la nature, dont il était ordinairement un admirateur si passionné, avaient à ses yeux perdu tous leurs charmes. L'affection de ses amis lui paraissait douteuse ou tout au moins pleine de froideur. Il écrivait un jour : « Un poëte a dit :

Les malheureux n'ont pas d'amis;

les affligés ont-ils un meilleur sort? Non, si j'en juge par mon expérience. Mais ce qui vous excuse c'est que vous ne connaissez pas l'étendue de mon affliction. »

Et, comme si ce n'eut pas été assez de ses propres pensées pour développer en lui une telle tristesse, il ne recherchait que les auteurs, n'aimait à fréquenter que les lieux capables de la nourrir et de l'augmenter encore.

Aussi était-il à lui-même un mystère inexplicable. « Qu'est-ce donc qui me manque, se disait-il? La fortune? je n'en suis point jaloux. Les honneurs? c'est du clinquant. La gloire? je ne la mérite pas, et le caprice la fait ou plutôt la donne. Je suis persécuté : cela ne durera pas toujours; et ma famille au milieu de laquelle je vis, doit me dédommager de mes tribulations. »

Plusieurs causes contribuaient à jeter son âme dans ce douloureux état : d'abord sa nature portée à la mélancolie, ensuite la pensée de l'inutilité de toutes ses études, et aussi l'inquiétude que lui causait « un avenir chargé d'orages et pouvant jeter sa faible barque loin, bien loin du port. »

Cependant, les temps devinrent moins menaçants. Le soleil, caché durant la tempête, commençait à reparaître et promettait des jours sereins. M. Duru dès lors, pour recouvrer la paix bannie depuis si longtemps de son esprit et de son cœur, ne manquait plus que d'une chose : une position qui lui permît de se livrer à ses études favorites, sans l'éloigner de la carrière ecclésiastique.

Il a du reste, à cet égard, exprimé lui-même ses sentiments, dans une épître en vers dont voici quelques fragments :

« Le monde à mes regards étalant ses largesses,
Un jour s'est efforcé de corrompre mon cœur :
Mon oreille écoutait son langage flatteur,
Et peut-être j'allais convoiter les richesses.
Mais j'ai dit : A quel prix gagnerai-je ces biens?
Garderai-je avec eux la paix et la justice?
Et le monde s'est tu. J'ai compris l'artifice.
Monde, j'ai préféré mes biens à tous les tiens.
Les tiens, c'est cet argent qu'on donne au mercenaire,
Du vice et des forfaits l'ordinaire salaire.
Les tiens, c'est ce plaisir qui, dans le fond du cœur,
Dépose le remords pour prix de sa douceur.
Les tiens, ce sont la haine et la perfide envie
Qui poursuivent partout le sage vertueux.
. . . .
Garde, garde tes biens, monde vain et menteur;
Va, les miens sont plus faits pour donner le bonheur.
Les miens, c'est le repos d'une existence obscure
Qui s'écoule à l'abri des complots des méchants;
C'est l'étude, la foi; c'est la simple nature,
Et puis la liberté de suivre mes penchants.
Les miens, c'est de former la candide jeunesse
A pratiquer toujours les lois de la vertu;

C'est d'écrire des vers pour chanter la sagesse
Ou soulager un cœur par la peine abattu.

. . . .
C'était là mon étude. Et des hommes pervers,
M'arrachant au troupeau fidèle à ma tendresse,
Dans ma coupe ont versé le poison des revers.
Ils ont rempli mes jours de deuil et de tristesse.
Mais le Dieu qui permet la rage des méchants
Met un terme aux chagrins, aux pleurs de ses enfants,
Cher ami, le soleil chassera la tempête.

. . . .
Et je retrouverai, loin de l'inquiétude,
Mes labeurs consolants, ma paix, ma solitude. »

Deux carrières pouvaient seules favoriser les goûts de M. Duru et lui permettre de satisfaire ses désirs : le professorat dans une maison d'éducation ou le ministère paroissial.

La condition de curé de village était loin de lui déplaire. Ses goûts simples, son amour pour la solitude, et, il faut tout dire, son imagination poétique la lui faisaient envisager sous un aspect assez riant. « Peut-être, écrivait-il à un jeune soldat qu'il avait pris en affection à Joigny, peut-être serai-je curé de village quand vous sortirez de l'état militaire.

Alors, si vous aimez le lait de ma chèvre vous viendrez jouir avec moi du bonheur de l'obscurité. Quel joli rêve! »

Toutefois, tout poëte qu'il fût, le lait de chèvre n'excitait pas tellement son envie qu'il ne préférât les aliments prosaïques d'une maison d'éducation.

Avant de se décider à s'enfermer dans un presbytère, M. Duru frappa donc à d'autres portes : à celle du Petit-Séminaire d'Auxerre et à celle de l'Université, où, protégé cette fois par le célèbre chimiste Thenard, allié à sa famille, il ne tenait qu'à lui d'entrer. Mais il préféra le Petit-Séminaire et y fut nommé professeur de quatrième. C'était en 1832.

CHAPITRE IV.

1832 — 1834

CHAPITRE IV.

1832—1834

M. Duru, professeur au Petit-Séminaire d'Auxerre. — Ses épreuves par rapport à sa vocation pour l'état ecclésiastique. — Il reçoit les Saints-Ordres.

> Après un long orage
> Ma nacelle est au port.
> . . . .
> Et mon triste passé
> N'est déjà plus qu'un rêve,
> Que le jour qui se lève
> Aura vite effacé.

Ainsi commence une épître en vers par laquelle M. Duru faisait connaître à ses parents sa nouvelle position au Petit-Séminaire d'Auxerre. « Il est bien certain, ajoutait-il, que vous seuls me manquez. Je me trouve heureux, cette privation à part. Mes élèves paraissent bons, zélés, désireux de me plaire; mes collègues sont estimables; je suis ici comme le poisson dans l'eau; et, à quelques misères près, je n'éprouve pas la moindre contrariété. »

Il devait en être ainsi. Ami des jeunes gens, ne se plaisant que dans la société d'hommes graves, studieux et lettrés, et désirant avant tout d'être prêtre, M. Duru trouvait au Petit-Séminaire tout ce qui pouvait favoriser ses goûts et sa vocation. Il était dans son élément.

Aussi semblait-il reprendre une nouvelle vie. Lui, auparavant si triste et si abattu, montrait le plus grand entrain, l'humeur la plus joyeuse.

Dans l'exercice de sa charge, le nouveau professeur était tout feu et tout ardeur. Il faisait lui-même, d'après la méthode de M. Lallier, les devoirs de ses élèves. Se persuadant, à tort ou à raison, qu'une faible traduction en vers d'un morceau de poésie vaut mieux qu'une bonne traduction en prose, M. Duru s'appliquait souvent à rendre en vers français les vers latins donnés en version. Et même, contrairement à la manière de voir des autres professeurs, il croyait pouvoir permettre cet exercice aux élèves forts de sa classe. Ces derniers, obligés pour rendre leur pensée de la tourner en tous sens, acquéraient selon lui une grande facilité d'expressions. Afin d'aiguiser leur esprit et de le distraire tout à la fois, il leur faisait traduire, de temps en temps, des *Enigmes de Symposius*. Il leur donnait aussi pour sujets de devoirs, dans le but d'étendre le petit cercle de leurs connaissances, des morceaux choisis des plus fameux naturalistes. Enfin, dès le printemps qui suivit son entrée au Petit-Séminaire, bien que la campagne d'Auxerre, toute couverte de blés ou de vignes, ne soit pas riche en fleurs, il fit à plusieurs rhétoriciens une sorte de cours de botanique, mais seulement pendant les promenades.

Avant l'entrée de M. Duru au Petit-

Séminaire d'Auxerre, les élèves n'avaient pas à l'égard de leurs professeurs ce laisser aller, cet abandon respectueux et filial qui exista depuis. On ne les voyait pas alors former autour de leurs maîtres de récréation, ces groupes empressés et paisibles qu'ils formèrent plus tard autour de l'excellent M. Laureau, pour l'entendre raconter mille fois ses intéressants voyages.

M. Duru, à peine arrivé, prétendit changer cet état de choses. Il descendit au lieu de la récréation, passant et repassant seul et silencieux, devant les élèves qui eux aussi passaient et repassaient, sans interrompre leurs causeries, leurs promenades ou leurs jeux. Pendant plusieurs jours, il renouvela, mais infructueusement, le même essai, et réussit tout au plus à se faire regarder comme un original. Enfin un rhétoricien l'aborda timidement et osa lui témoigner sa surprise, presque sa peine, de le voir toujours seul. C'est ce que désirait M. Duru.

« Je ne demanderais pas mieux, dit-il au jeune homme, que de me promener avec les élèves ; mais, craignant de m'imposer, j'attendais qu'on m'en fît la proposition. » A partir de ce jour, aucune récréation ne se passa sans qu'il fût entouré de plusieurs d'entre eux. Et bientôt, ce ne furent pas seulement leurs conversations et leurs promenades, mais leurs jeux les plus enfantins auxquels il prit part et plaisir. « Sept heures et demie est le bon moment du pauvre homme. Il prend sept ou huit bambins, lui qui a déjà les cheveux blancs : et puis, au grand galop, le voilà à courir, à faire le cheval, la diligence ; il crie, il rit : c'est un véritable enfant. »(*)

M. Duru se conciliait ainsi l'affection des élèves, apprenait à les mieux connaître et était plus à même de cultiver leurs bonnes qualités et de réformer leurs défauts. Il ne s'y épargna pas.

(*) Extrait d'une lettre de l'abbé Duru à son père.

Cependant, le zélé professeur n'était pas prêtre encore.

Il faut remonter plus haut et en dire la raison.

M. François Duru, sans s'opposer formellement à la vocation de son fils, n'avait jamais cessé d'employer les plus vives instances pour l'y faire renoncer. Dans le même but, d'autres membres de sa famille, après lui avoir offert de sérieux avantages, avaient fini par exercer contre lui une véritable persécution, ne lui parlant qu'avec mépris de la religion et le chassant de leur table sur laquelle on servait à dessein des mets défendus par l'Eglise.

Ensuite étaient venus les mauvais jours de la Révolution.

L'abbé Duru néanmoins avait sollicité, mais en vain, de Mgr l'archevêque de Sens, la collation des Saints-Ordres.

Ce n'est pas tout. M. l'abbé Lallier, après l'insuccès de cette démarche, l'avait engagé à suivre une autre carrière. Voici ses propres paroles : « Je suis fâché que Sa Grandeur n'ait pas mieux accueilli votre demande. Ce ne peut être que la foi la plus vive et le seul amour de Dieu qui vous conduit aujourd'hui dans l'état ecclésiastique, à travers tant de difficultés et d'obstacles. Humainement parlant, vous avez tout à perdre et rien à gagner. Je ne conseillerais jamais à un ami d'embrasser un état si redoutable. Vous avez satisfait à ce que vous deviez en vous présentant. Je crois qu'à présent votre conscience n'aura rien à vous reprocher, si vous prenez un autre parti; et je vous y exhorte. Vous serez toujours à même de vous faire ecclésiastique dans de meilleurs jours. Mais estimez-vous heureux de n'avoir pas été accueilli selon vos souhaits. Vous échappez à une foule de dangers et d'inconvénients; il est plus facile de faire son salut dans l'état de simple laïque. »

Ce conseil, donné par un homme qu'il

aimait et vénérait, n'était guère propre à l'affermir dans sa vocation.

Néanmoins, M Duru persévéra dans sa résolution. Les circonstances ont pu l'arrêter à l'entrée de la carrière : elles ne l'en détourneront pas. Il a choisi le sacerdoce pour la portion de son héritage et de son calice : quoi que fasse le monde pour le priver de cet héritage, il attendra que le temps et Dieu le lui remettent ; de quelque amertume que soit rempli ce calice, il y étanchera la soif qui le dévore.

Depuis longtemps déjà, M. Duru avait tout l'extérieur du prêtre. Il ne portait pas l'habit ecclésiastique, et cependant, les impies comme les fidèles, le prenaient pour un prêtre. Un jour qu'il demandait, à la bibliothèque Ste-Geneviève, à Paris, un ouvrage de Voltaire, quelqu'un le considérait et murmura : *Jésuite!* Une autre fois, il était entré en compagnie de sa sœur dans l'église Saint-Sulpice, pour y entendre la messe. Quand il voulut payer sa chaise : Monsieur, lui dit-on, les ecclésiastiques ne paient pas.

L'abbé Duru n'avait pas seulement l'extérieur du prêtre, il en avait toutes les dispositions intérieures. On peut juger aisément par ce qui a été dit de lui jusqu'ici, quels étaient son assiduité au travail, son esprit de foi, son zèle pour la gloire de Dieu et le salut des âmes. Néanmoins, il tremblait à la pensée de sa pauvreté et de sa froideur spirituelles. « Tant de choses me manquent, disait-il, que si les bonnes âmes n'intercèdent pour moi auprès de Dieu, véritablement je ne serai jamais bon à rien. » « Je veux devenir le dispensateur des trésors de l'amour, et je ne sais point encore aimer comme il faut. Priez pour moi, si je vous suis cher à quelque titre. Conjurez Dieu, ou de m'éloigner du sanctuaire, ou de faire de moi un prêtre selon son cœur. »

C'est dans ces sentiments de solide piété et d'humble défiance de lui-même qu'il reçut à Sens, le 21 décembre 1833, les ordres mineurs et le sous-diaconat. Voici ce qu'il écrivit, dans cette circonstance, à son frère aîné qui songeait à se marier : « Pour moi, j'ai renoncé au monde; j'ai pris pour mon héritage la pauvreté et le mépris des hommes de notre époque. Je n'ai plus rien à demander ni à désirer. Si quelque chose me manque, je me rappellerai cet héritage et je m'écrierai courageusement : Non, rien ne me manque, puisque j'ai ce que j'ai voulu. Je me consumerai maintenant comme la lampe du sanctuaire, seul, dans le silence et l'oubli. Mais j'éclairerai dans le lieu saint; là est le vrai bonheur, car là est le véritable amour, un amour généreux, un feu qui ne brûle et ne luit point pour soi, mais pour le premier venu. »

Ces dernières paroles révélaient parfaitement le fond de son âme, dévorée de la passion de faire connaître, aimer et servir Dieu, d'être utile aux âmes de quelque manière que ce fût. Il était véritablement cette lampe qui brûlait dans le sanctuaire et dont la flamme, devenant de plus en plus brillante et ardente, devait de plus en plus éclairer et échauffer les cœurs.

Jusque là, M. Duru s'était plu à faire des poésies. Il n'y renonça pas; mais, de tous ses chants légers d'autrefois, il pouvait dire avec le cygne de Mantoue :

<small>Nunc oblita mihi tot carmina; vox quoque Mœrim
Jam fugit ipsa.</small>

Le poëte ne savait plus « que soupirer des prières, » chanter le Seigneur, ses grandeurs, ses bienfaits, son amour. Encore ne s'occupait-il guère de poésie et préférait-il exprimer, dans de longues et fréquentes lettres à ses parents, à ses amis et à ses élèves, les sentiments de forte et tendre piété dont son cœur débordait de plus en plus, à mesure qu'approchait pour lui le temps de recevoir les derniers ordres.

Le diaconat lui fut conféré le 24 mai 1834, et, le 20 décembre de la même année, on l'ordonna prêtre.

Après avoir si longtemps et si vivement désiré, après avoir en quelque sorte conquis au prix de bien des luttes le sacerdoce du Christ, l'abbé Duru aurait dû éprouver, en voyant ses efforts couronnés, une joie pleine d'ivresse. Il n'en fut pas ainsi. La frayeur dominait en lui la joie. C'est du moins ce qu'atteste une de ses lettres, datée de Paris et adressée à l'un de ses enfants du Petit-Séminaire : « J'ai le cœur si serré et tout à la fois si plein et si vide que je veux vous écrire un petit mot. Priez pour moi ! Quels poids ! Ce que c'est que d'entrer dans le sacerdoce de Jésus-Christ ! Mon trouble est extrême à l'autel. Je ne sais ni ce que je dis, ni ce que je fais. J'ai déjà pris plus d'une fois la résolution de ne plus dire la messe. Encore si j'étais au milieu de vous ! Sans doute vos prières m'obtiendraient plus de ferveur et de calme. N'a-t-on pas eu tort de m'ordonner? Je comprends beaucoup mieux mon indignité, à présent que la victime s'est offerte entre mes mains. O mon Dieu, qu'est-ce que l'homme pour que vous l'ayez élevé à ce comble de puissance et de grandeur! Mon bon ami, pensez au saint ministère dès l'âge où vous êtes; et quand vous y serez arrivé, vous reconnaîtrez que vous y aurez pensé trop tard encore. Je me croyais parfois quelque vertu, et aujourd'hui, écrasé sous le poids qui m'a été imposé, je sens trop que je ne suis qu'un avorton présomptueux....... Il me faudrait une rame de papier pour soulager mon cœur; et encore je n'exprimerais mes sentiments qu'avec confusion. Mais priez pour moi, afin que Dieu daigne soutenir son prêtre, l'orner des vertus de son état et en faire un vase d'élection. »

On le voit par ces quelques lignes, le trouble qui agitait M. Duru n'était point produit en lui par le regret d'être engagé dans le saint ministère : il avait pour cause unique le sentiment de son indignité et la considération de la grandeur de ses nouvelles fonctions, redoutables aux anges mêmes. C'était la frayeur des saints.

Cette grande idée que se formait l'abbé Duru du sacerdoce ne fut point partagée par tout le monde. Plusieurs de ses amis, quelques membres de sa famille même rougirent de lui. Lorsqu'il dit sa première messe à Villeneuve-le-Roi, il fut presque seul ; et pendant qu'il était à l'autel, une vieille femme, en haine du prêtre et de la religion, s'approcha furieuse du sanctuaire et éteignit son cierge. Au dîner, peu s'en fallut que la table ne fût déserte ; et encore, les rares convives échangèrent-ils à peine quelques mots. On eut dit un repas funèbre. Ce jour qui aurait dû être si heureux pour l'abbé Duru, fut un de ceux où il versa le plus de larmes.

CHAPITRE V.

1834 — 1839

CHAPITRE V.

1834—1839

Les ramoneurs. — Soins paternels de l'abbé Duru pour ses élèves et ses enfants spirituels. — Reconnaissance de ces derniers. — L'abbé Duru quitte le Petit-Séminaire.

L'abbé Duru était prêtre. Sa première œuvre sacerdotale fut ce qu'on appela, en ville, l'œuvre des ramoneurs. Mlle Théophile Paradis, dont le souvenir vivra longtemps, inséparable de celui de son frère, dans la mémoire des pauvres, s'était faite la mère de tous les petits Savoyards qui passaient par Auxerre. Pendant qu'elle s'occupait plus particulièrement de leur intérêt temporel, le nouveau prêtre leur prodiguait les soins spirituels, les instruisait, les admettait à la première communion, les préparait à la confirmation. Lorsqu'ils étaient retournés en Savoie, il leur écrivait des lettres pleines de paternels conseils, et les recommandait à leur curé avec la tendresse de S. Paul recommandant son cher Onésime. Il contribuait aussi, en organisant des loteries, en recourant à la générosité des personnes charitables, à leur procurer « un logement plus grand, une nourriture meilleure et des *habits neufs* pour les jours de fête. »

Ces pauvres petits, du reste, le payèrent de retour. Heureux de rencontrer un cœur qui voulait bien se pencher vers leur misère et les aimer, ils ne savaient comment exprimer la reconnaissance dont ils étaient pénétrés. Au sein de leur famille, ils joignaient dans leurs prières le nom de M. Duru aux noms de Jésus et de Marie. Quand ils revenaient, à défaut d'autres dons, ils lui apportaient d'excellents fromages de leur pays. L'un d'eux, le petit Constantin

Bonnevie, lui dit dans le cabinet de M. Paradis, en apprenant son prochain départ pour les vacances : « Mon père, j'ai beaucoup de la peine. » Et comme on lui demandait pourquoi : « Parce que, répondit-il, je ne vous verrai plus pendant deux mois. »

Ce ne fut pas la seule satisfaction que l'abbé Duru éprouva dans l'accomplissement de cette bonne œuvre. Les dames les plus distinguées d'Auxerre encourageaient son zèle par leur présence aux instructions et aux communions des enfants. Mme de La Rupelle lui offrit une jolie peinture qu'elle avait faite elle-même, et qui représentait assis sur la paille et récitant son chapelet, un petit Savoyard, la figure et les habits noircis par la suie. Dans la ville, on appelait l'abbé Duru le *Père ramoneur*.

Cependant, l'œuvre des ramoneurs, dont il obtint avec la grâce de Dieu d'assez heureux résultats, ne lui faisait pas négliger ses autres enfants, les séminaristes; et, pendant qu'en ville on l'appelait le *Père ramoneur*, au Petit et au Grand-Séminaire on le nommait *l'homme des élèves*

Personne mieux que lui, en effet, ne savait les comprendre, compâtir à leurs misères, encourager leurs bonnes dispositions, gagner leur confiance et leur affection. Il disait qu'un maître doit être pour ses disciples « un trésor où ils puissent à toute heure puiser, un livre où ils puissent lire, un oracle qu'ils puissent interroger, un confident entre les bras paternels de qui ils puissent hardiment se jeter, quelles que soient leurs peines ou leurs joies, leurs luttes ou leurs défections. » L'abbé Duru fut ce maître. Et non-seulement ses élèves pouvaient toujours venir à lui; il allait lui-même à eux, se faisant ouvrir leur cœur à sa seule parole, ou le conquérant à force de dévouement et de tendresse.

Rien de ce qui les regardait ne lui

était indifférent. Leur corps même faisait l'objet de ses préoccupations et de ses soins. Afin de pouvoir leur donner au besoin des conseils hygiéniques, il s'était mis à étudier la médecine. Aussi, s'adressait-on à lui comme à un médecin. « Aujourd'hui, lui écrivait pendant les vacances un de ses pénitents, laissant le moral de côté, je réclamerai votre assistance pour le physique. Vous ne comprenez pas ; vous allez comprendre : parlons médecine.... »

Mais l'abbé Duru s'occupait avant tout et par dessus tout de l'âme de ses disciples. Les voyait-il en proie à la tristesse ? son imagination riche et brillante lui inspirait les tableaux les plus gracieux, les plus riants, les plus propres à chasser de leur esprit toute sombre pensée. La tentation venait-elle à troubler leur cœur ? il y rétablissait aussitôt le calme, en exposant avec un merveilleux à-propos les témoignages de la bonté de Dieu qui ne veut pas la perte mais le salut des pécheurs. Avaient-ils le malheur de tomber dans le péché, et surtout de se laisser aller au découragement? pour leur rendre la confiance, il leur prodiguait les expressions les plus tendres. Souvent alors il ne se contentait plus des colloques du confessionnal. Une lettre n'était plus capable de renfermer tous les sentiments dont son cœur débordait. Il voulait entretenir ses enfants plus librement, les presser contre son cœur. « Venez donc, s'écriait-il, accourez vous jeter entre mes bras. C'est sur ma poitrine qu'il vous faut reposer au milieu de vos faiblesses et de vos pensées de désespoir. Oh! là vous sentirez mon cœur battre sous le vôtre. Oh! là vous sentirez qu'il y a encore du bonheur pour vous. » Et s'ils restaient sourds à ses conseils, insensibles à la grâce de Dieu, le bon prêtre ne se décourageait pas; il ne pouvait se résigner à croire tout perdu; mille fois repoussé, il revenait mille fois à la charge.

De loin comme de près, pendant les vacances aussi bien que durant les mois d'étude, il ne cessait de s'occuper d'eux. Les choses les plus indifférentes en elles-mêmes lui rappelaient leur souvenir, lui suggéraient quelque nouveau moyen de leur être utile et agréable.

L'abbé Duru portait donc à ses élèves, et principalement à ses pénitents, la plus grande affection. C'était là, pour ainsi dire, la qualité distinctive et dominante du jeune directeur de conscience.

A cette qualité il en joignait d'autres. Ses décisions sans être précipitées, étaient promptes et nettes. Il avait bien vite compris l'état d'une âme et lui traçait d'une main sûre la route à suivre. « Voilà mon avis, disait-il ; il y a plus, c'est ma volonté ; c'est mon ordre suprême. » Et il prétendait qu'on lui obéît même aveuglément, « à la manière d'une machine mise en mouvement par un ressort, » qu'on fût entre ses mains « comme une cire molle à qui l'on fait prendre toutes les formes qu'on veut. » Il se montrait même sévère, voulait pénétrer jusque dans les plus profonds replis des cœurs et prodiguait parfois les expressions humiliantes. Mais il n'agissait ainsi qu'avec les âmes capables d'en tirer profit.

La sollicitude de M. Duru s'étendait sur ses enfants, non-seulement pendant leur séjour au Petit-Séminaire, mais encore lorsqu'ils en étaient sortis. Soit qu'ils rentrassent dans le monde, soit qu'ils fussent admis au Grand-Séminaire, ses consolations et ses conseils les suivaient partout. Il n'avait pas besoin, au reste, de les offrir; on les sollicitait. « O mon cher père, lui écrivait-on de Sens, votre âme bien aimante n'oubliera pas un de vos enfants qui vous chérit. Heureux le peuple qui vous est confié! S'il lui reste encore au fond du cœur un reste de vie, vous saurez bien le réveiller..... Pour moi, mon très-cher père, permettez-moi ce nom, je me jette entièrement entre vos bras. Si vous pensez que pour mon plus grand bien et la gloire de mon Dieu je doive avancer, si vous me l'ordonnez, j'avancerai. Mais, si c'était faire un pas téméraire dans l'état misérable et pauvre en vertus où je me trouve, un seul petit signe de votre volonté, et je n'avancerai pas. Parlez, parlez, je vous obéirai en tout. »

Les directeurs de conscience ne manquaient cependant pas au Grand-Séminaire. Là, comme le disaient malignement certains élèves, « la direction spirituelle était *à la mode.* » L'abbé Duru ne pouvait manquer de faire observer à ses anciens pénitents qu'ils demeuraient au foyer des lumières; que ses conseils, comparés à ceux de leurs nouveaux directeurs, étaient du *pauvre pain noir*. Mais, habitués depuis longtemps à s'en nourrir, ces jeunes gens le trouvaient excellent et ne cessaient d'en réclamer au moins quelques miettes. Ils répondaient : « Tout ce qui coule de votre cœur m'est précieux, plus précieux que tout au monde. Oui, j'irai frapper à votre porte, j'irai demander de votre *pauvre pain noir*. J'irai en demander, ou plutôt, j'y vais dès maintenant, j'y cours; car mon âme a faim, et je veux la rassasier: mon cœur a soif d'amour, et il faut que pour se désaltérer, il boive à longs traits la coupe de l'amour divin..... Vous semblez me dire qu'étant à une source abondante, vos conseils seraient superflus. Oh! non, ils ne seront pas inutiles. Toujours les conseils qui partiront de votre bouche seront pour moi un oracle; donnez, donnez des conseils, dirigez encore dans le sentier de la vertu cet enfant que vous portez au fond de votre cœur. Toujours il recevra avec une docilité parfaite et une vraie reconnaissance tout ce que vous inspirera votre paternelle affection. Montrez-lui, de loin comme de près, le chemin par lequel il doit marcher....... Dans la nécessité, ce sera toujours à vous que j'aurai recours d'abord, vous serez toujours le premier à qui mon cœur ira s'adresser, toujours le premier que mon âme prendra pour la guider dans le sentier de la vertu. »

A un appel si confiant, si pressant et si tendre de ses enfants, le bon père se serait bien gardé de fermer l'oreille. Il désirait trop ardemment leur avancement spirituel pour cesser d'y contribuer de tout son pouvoir. Il était trop heureux de les voir se jeter, comme l'enfant sur le sein de sa mère, entre ses bras paternels, pour ne pas les y recevoir et pour leur refuser le lait de la doctrine.

L'abbé Duru reprenait donc sa plume, recourait à sa lyre, et leur donnait de nouveaux conseils, les excitait par de nouveaux chants à combattre courageusement et à s'avancer toujours à la conquête du ciel. « Eh bien! oui, venez, accourez à moi. Dans ce cœur que vous connaissez depuis si longtemps, vous trouverez conseil, force, consolation. Il sera pour vous ce qu'est une rade sûre au vaisseau battu par la tempête, ce qu'est à l'oiseau échappé à la serre du vautour, le doux nid et l'aile de sa mère. » Pas un jour ne se passait sans qu'il écrivît, soit aux uns, soit aux autres, plusieurs lettres, et parfois des lettres d'une dizaine de pages. Encore était-ce un regret pour lui d'être obligé de les clore : sa main fatiguée ne pouvait suffire à son cœur.

Tant de zèle ne l'empêchait pas de se regarder comme un serviteur inutile et négligent. « On ne sait pas, disait-il, ou du moins on semble ne pas savoir ce que demande le sacerdoce de Jésus-Christ. Et lâche ministre que je suis, je puis bien le dire à ma honte : oserions-nous maintenant nous placer à côté des Basile, des Grégoire, des Jérôme, des François de Sales, des Vincent de Paul, des Xavier? Où sont nos œuvres?..... » Sans doute, l'abbé Duru ne saurait être comparé à aucun de ces grands saints, mais négligent, il ne l'était pas ; mais inutile, il ne l'était pas non plus. Ainsi ne pensait pas le Supérieur du Grand-Séminaire, M. Flagel qui lui écrivait un jour : « Que la sollicitude d'un père pour un enfant qui s'égare est admirable, si j'en juge par votre dernière lettre. Elle est l'expression d'une douleur profonde ; elle témoigne de votre zèle et de votre charité. »

Ainsi ne pensaient pas non plus les élèves, dont la plupart demeurèrent toujours pénétrés pour lui de reconnaissance (*). Voici à ce propos un trait qui fera revivre en certain lecteur de doux souvenirs. De même qu'on avait blâmé les témoignages d'affection prodigués par le père à ses enfants, de même on trouva à redire aux marques de vive gratitude et de piété toute filiale données en retour par les enfants à leur

*) V. Appendice § 2.

père. L'un d'eux, en particulier, eut à subir quelques tracasseries, auxquelles, dans sa candeur, il ne comprenait rien. « Peut-on, s'écriait-il tout étonné, m'empêcher de vous aimer ? » On ne l'en empêcha pas non plus. Son cœur continua à épancher pleinement et naïvement ses sentiments tendres et purs, comme fait une onde vive jaillissant d'une source abondante.

Il faut avouer cependant que tous les disciples de M. Duru ne lui causèrent pas une égale satisfaction. Leur enfantement à la grâce fut parfois long et pénible. Quelques-uns ne correspondirent que tardivement ou faiblement à ses soins. On comprend quelle peine il dut en ressentir. Mais ce qui surtout affligeait profondément son cœur sensible, c'était de voir son affection rester incomprise. « Il est bien certain, mon cher enfant, écrivait-il un jour, que je vous suis attaché à tous par le fond de mes entrailles, et que c'est pour vous, au moins autant que pour moi, que je me suis fixé au Petit-Séminaire. Le mal, et ce qui m'est on ne peut plus sensible, c'est que surtout on ne me comprend pas. Je parle et j'agis en père, et l'on s'obstine à ne voir en moi qu'un maître indifférent ou sévère. Je ne veux point d'un froid respect; je veux de l'amour. Je ne veux point donner des ordres et contraindre à l'obéissance; je veux qu'on me prête des cœurs dociles, comme l'enfant qui s'abandonne à la direction de sa mère, pour que je les forme à l'imitation de Jésus-Christ. Au reste, je serais trop heureux si tout allait au gré de mes désirs. Si j'aperçois quelquefois des roses, il est juste que je les cueille au milieu des épines. Vive la croix! On ne sème pas, on n'édifie pas sans peine et sans gémissements. *Euntes ibant et flebant, mittentes semina sua.* »

Dans le même temps, on lui offrit une nouvelle position; après avoir hésité quelque temps, il refusa, ne pouvant se résigner à quitter ses chers élèves. Il a lui-même, à cet égard, exprimé ses sentiments dans les lignes suivantes : « Une place m'était offerte. Je ne l'avais point cherchée, j'avais peut-être quelques raisons de l'accepter. J'étais libre, car je l'ai toujours été de rester au Petit-Séminaire ou d'en sortir. Mais j'ai senti, quand il m'a fallu me séparer de vous que mon cœur ne le pouvait vouloir et que peut-être ce n'était pas la volonté de Dieu que j'abandonnasse ceux que j'aime comme une mère aime ses enfants : j'ai hésité, j'ai prié, j'ai refusé. »

Cette lettre est de la fin des vacances de l'année 1835. Quelques jours après, il allait reprendre ses fonctions, « continuer le bien qu'il avait commencé, aider ses chers enfants dans leurs difficultés, les consoler dans leurs petites peines, sourire toujours à leur joie, s'identifier avec eux. »

L'abbé Duru se promettait de vieillir dans cette maison, qui était, disait-il, comme une partie de son être. Cependant il ne devait pas y rester plus de quatre ans encore. Malgré les liens qui l'y attachaient, sans rien dire à personne, et à l'insu de M. le Supérieur lui-même, il sollicita son changement auprès de l'autorité diocésaine.

Connaissant les services que l'abbé Duru pouvait rendre aux jeunes élèves du sanctuaire, on fit d'abord difficulté de le laisser sortir. D'ailleurs, la plaie que, quatre ans auparavant, la seule pensée de quitter ses enfants avait faite à son cœur paternel, s'était rouverte plus large, plus profonde, plus saignante que jamais. « Mon cœur, écrivait-il dans ces circonstances, est plein de déchirements, quoique je sois moi-même la cause de cette séparation qui doit s'opérer entre moi et toute cette jeunesse avec laquelle je me suis depuis longtemps identifié, dont chaque membre est comme une fibre de mon pauvre cœur. Ils ne m'aimeront plus ; ils ne me connaîtront plus ; je ne leur ferai plus de bien; je ne pourrai plus descendre avec la charité ineffable de Notre Seigneur dans ces âmes pour qui j'ai vingt fois demandé à l'autel d'épuiser jusqu'à la dernière goutte de mon sang....... Non, ils ne comprendront pas de quel amour je les ai aimés. Mais ne parlons plus de ceci : il sera temps de verser des larmes quand l'affaire que vous savez sera entièrement conclue. »

Quoi qu'il lui en coûtat, il demeura ferme dans sa détermination, et fit de nouvelles démarches auprès de Mgr l'archevêque, qui, ne voulant pas le contrarier, finit par céder à ses instances. Sa Grandeur, après avoir songé à le nommer chapelain à Avallon, le nomma aumônier de l'Hôpital-général d'Auxerre et curé de Perrigny.

Quand la nouvelle s'en répandit au Petit-Séminaire, maîtres et élèves n'y pouvaient croire. L'abbé Duru était resté sept ans dans cette maison.

CHAPITRE VI.

1839 — 1843

CHAPITRE VI.

1839—1843

§ 1. L'HOPITAL-GÉNÉRAL

Les Dames de la Providence d'Evreux. — M. Girard de Cailleux. — Communauté d'idées et d'efforts entre le directeur et l'aumônier touchant le bien des malades.

L'Hôpital-général, quand l'abbé Duru y fut nommé chapelain, était régi par les Dames de la Providence d'Evreux.

Mais un asile d'aliénés, dans notre siècle, ne pouvait pas être abandonné à une telle direction, et devait nécessairement se ressentir du progrès. A la place de religieuses, prodiguant leurs soins pour l'amour de Dieu et dans l'espérance du Ciel; à la place de deux médecins de la ville allant tour à tour, moyennant de modiques honoraires, faire des visites journalières; il fallait des surveillants-chefs, un garde-magasin, un économe, un secrétaire et un sous-secrétaire, un pharmacien, un médecin interne, un médecin-adjoint, et au-dessus de ces divers employés, un directeur-médecin dont les appointements ne s'élèvent pas à moins de quatre à cinq mille francs.

On vit avec surprise et avec peine ce changement. Quant à M. Duru, il en redoutait plus que personne les conséquences, soit pour lui, soit pour la maison. « Que peut-on faire, disait-il, d'un ministre de la religion, là où l'on professe qu'il ne faut pour bien traiter les fous que la *philosophie pure*, là où l'on ne reconnaît comme moyens de guérison que les moyens matériels. » Effectivement, il fut question de supprimer la fonction d'aumônier. M. le Préfet voulait qu'on fît, d'un seul coup, la double économie d'un logement et d'un traitement de huit cents francs. « Etrange économie vraiment de retrancher l'homme de la morale et de la religion ; et cela, dans une maison fondée par la religion elle-même ! » Heureusement, M. le Préfet ne pouvait décréter, lui seul, qu'un prêtre dans un asile d'aliénés était inutile. Le nouveau directeur, qui d'après la teneur de l'ordonnance royale ne relevait que du ministre, émettait un avis opposé. La question en litige fut portée devant les membres du Conseil général ; et ceux-ci, malgré les mesures prises à l'avance pour faire desservir l'Hôpital-général par un vicaire de Saint-Etienne, eurent le bon esprit de maintenir l'aumônier.

M. de Bondy ne se tint pas pour battu. Ne pouvant supprimer le poste même, il essaya d'éloigner celui qui l'occupait. Dans ce dessein, il fit retrancher à M. Duru deux cents francs de son traitement et le logement, espérant l'amener par là à donner lui-même sa démission. En présence de sentiments si manifestement hostiles, le pauvre aumônier songea à se retirer. Puis, après mûre réflexion, et dans l'espoir de rencontrer un jour une administration mieux disposée, il se décida à rester. La suite prouva la sagesse de cette détermination. Si M. Duru n'eut pas résisté à l'orage, il n'y aurait probablement plus de chapelain à l'Asile. « Les administrations, qui vont quelquefois si vite à détruire, sont en effet bien lentes à réédifier, » en ce qui regarde du moins la religion et ses ministres. Quand, plusieurs années après, on renversa les anciens bâtiments pour construire ceux qu'on admire maintenant, on exprima l'intention de bâtir une maison à l'aumônier; l'emplacement était même désigné dans le plan général. Et cependant, encore aujourd'hui, les fonctionnaires sont tous logés dans l'intérieur de l'établissement, à l'exception du prêtre obligé de demeurer en ville et exposé dès lors, à cause de la fréquence des maladies et des morts subites parmi les aliénés, à n'avoir pas le temps d'apporter aux agonisants les secours de la religion.

Outre les craintes que lui avait causées pour lui-même le changement radical apporté dans l'administration de l'Hôpital-général, l'abbé Duru en avait d'autres pour le bien spirituel de la maison. « Un grand bien, écrivait-il alors, s'opérait à l'hôpital; il va être entièrement détruit. La religion ne soulagera plus les aliénés dans leurs moments lucides. Ils n'auront plus ces mères si adroites et si insinuantes pour leur inspirer doucement tant de bonnes et consolantes pensées. Et même, ne seront-ils pas gênés dans leurs rapports avec le prêtre? Car le plus grand remède moral, les docteurs sans foi l'ignorent ou le rejettent : ils ne savent pas ce qu'il y a d'influence dans l'Evangile pour guérir toutes les infirmités de l'esprit et du corps; ou, s'ils le savent, ils le repoussent, parce que leur morale à eux et leur conduite ne sont pas en harmonie avec de tels enseignements. »

Sans doute, le départ des religieuses était une vraie perte, on peut dire une perte irréparable. Qu'on se représente de pauvres malades sans raison ou sans force de volonté, brisés par le chagrin, dégradés par les infirmités, quelquefois même ne conservant de l'homme que le côté animal, et portant dans tout leur être les restes de toutes sortes de vices, les ravages des plus honteuses passions; n'est-il pas évident que ces malheureux ont plus de salutaires encouragements, de douces consolations, de soins délicats à attendre de vertueuses et saintes religieuses que de personnes sans foi, de domestiques pour la plupart sans éducation, et dont l'unique but est de gagner de l'argent pour leur toilette ou leurs plaisirs?

Toutefois l'abbé Duru, loin d'être gêné dans son ministère, comme il l'avait craint, eut même la consolation de se voir secondé. Le nouveau directeur, M. Girard de Cailleux, actuellement directeur-général des asiles d'aliénés de la Seine, n'avait pas contre la religion et ses ministres les ridicules préjugés de beaucoup d'autres médecins, habitués à n'étudier l'homme qu'au moyen de leur scalpel et à ne voir en lui qu'une matière organisée. M. de Cailleux, d'ailleurs, n'avait pas tardé à apprécier les belles qualités de son aumônier. Ils se comprirent, s'estimèrent et se lièrent d'amitié. Que de fois on les vit se promener ensemble dans les magnifiques jardins et sous les longues galeries de la maison ! Ils s'entretenaient de leurs malades, étudiaient les causes physiques ou morales de leurs différentes affections, recherchaient les moyens les plus propres à les guérir. Le médecin s'étendait avec plus de complaisance sur les moyens matériels, le prêtre sur les moyens moraux, celui-là sur les ressources de la science, celui-ci sur les secours de la religion.

Mais ils finissaient toujours et promptement par s'entendre.

Voici, à ce sujet, quelques-unes des idées exprimées par l'abbé Duru à M. Girard de Cailleux. Il s'agissait du culte extérieur à organiser à la chapelle. « A des esprits éclairés les mystères de l'autel parlent assez d'eux-mêmes; mais ici, plus il y aura dans les choses qui frappent les sens de pompe et de dignité, plus on agira sur les imaginations; car on ne doit presque rien attendre de la plupart de nos malades que de l'extérieur du culte. » Puis venant à l'application de ce principe : « C'est pour eux, ajoutait-il, qu'il nous faudrait une chapelle ornée, de la musique, des voix, des instruments..... Comme les sons graves et mélodieux d'un orgue agiraient sur ces pauvres têtes ! » Il croyait bon aussi de charger quelques-uns des aliénés les plus calmes, de certaines petites fonctions propres à rattacher leurs idées à un objet et à flatter favorablement leur amour-propre. « L'un balayerait l'église, un autre allumerait les cierges, celui-ci serait aide-sacristain, celui-là choriste. Et ne pourrait-on pas leur donner à l'église le costume de la fonction qu'ils rempliraient? Que le *Capitaine* serait heureux de porter une soutane et un rochet de chantre! Un autre serait tout fier d'une robe de bedeau. »

Ces dernières mesures faillirent coûter cher à leur auteur. Une malade à qui l'on avait permis d'aller et de venir librement dans la maison, conçut tout-à-coup une haine violente contre le directeur et l'aumônier, et ne résolut rien moins que d'empoisonner l'un et l'autre. On avait déposé à la cuisine plusieurs petites fioles ayant contenu une substance toxique. Elle les fit toutes égoutter dans les burettes qu'elle était chargée de préparer pour la messe du dimanche. Depuis l'offertoire jusqu'à la communion, le célébrant avait senti une odeur désagréable, mais sans se rendre compte d'où elle venait. Il ne le sut qu'en prenant le précieux sang. Le directeur, présent à la messe, examina aussitôt le contenu de la burette et s'écria : M. Duru est empoisonné! Une seule chose cependant préoccupait ce dernier, c'était de savoir si la substance du vin avait été altérée, afin d'en recommencer la consécration pour l'intégrité du sacrifice. Sur la réponse négative du docteur, il acheva comme à l'ordinaire, et sans aucun trouble, les prières de la messe, s'en remettant entièrement à la volonté de Dieu. Pendant son action de grâces, on prépara un contre-poison; mais M. Duru n'eut pas besoin de le prendre : il n'éprouva pas même de coliques. Quant à l'empoisonneuse, étonnée autant que furieuse de ne l'avoir pas vu expirer sous ses yeux, elle s'était écriée : J'ai manqué mon coup, mais une autre fois je réussirai mieux, et, après le curé, ce sera le directeur!

Cependant l'abbé Duru n'oubliait pas ses anciennes sœurs, et cherchait à amener insensiblement le directeur à réclamer de nouveau leurs services. La tâche n'était pas sans difficultés. Car, si un administrateur est assuré de trouver dans une communauté religieuse un concours intelligent, fidèle et dévoué, il peut craindre aussi de n'en pas obtenir une servile approbation; et généralement un administrateur aime bien à voir tout céder, sans l'ombre de résistance, à ses volontés suprêmes. Cette mesquine considération ne devait pas arrêter longtemps un homme tel que M. Girard de Cailleux. Il avait l'esprit trop élevé; et d'ailleurs, fort de ses bonnes intentions et sûr de son autorité, qu'avait-il à redouter? Il finit donc par se rendre aux vues de son aumônier, et tous deux, avec l'autorisation de M. le Préfet, commencèrent les démarches nécessaires.

Rappeler les anciennes religieuses n'était pas expédient. Celles-ci, après avoir dirigé elles-mêmes la maison, pourraient-elles se soumettre volontiers à une direction étrangère et en beaucoup de points différente? D'un autre côté, leur évêque n'exigerait-il pas en leur faveur, des conditions d'autant plus onéreuses qu'on les avait une première fois remerciées! Quoi qu'il en coutât à M. l'aumônier, M. Girard de Cailleux et lui portèrent leurs vues ailleurs, et résolurent de s'adresser aux sœurs de la Providence, appelées alors sœurs de Ligny. Ils s'en allèrent donc à la maison-mère trouver Mme la Supérieure. Ils approchaient de Ligny. Tout-à-coup, la partie postérieure de leur voiture vint à se détacher, et les entraîna dans sa chute, pendant que le cheval effrayé se mit à courir de plus belle. Nos deux voyageurs tombés sur le dos, au fond de la capote, se crurent un moment dans l'autre monde. « Je suis mort! s'écria le docteur d'une voix pleine de terreur. » Ni l'un ni l'autre n'avait la moindre égratignure

Ils dirent par plaisanterie que c'était

de mauvais augure pour le succès du voyage. Malheureusement la chose se vérifia. La communauté de Ligny ne put alors disposer d'un nombre de sujets suffisant; et aujourd'hui on est encore à attendre des sœurs à l'Asile (*).

§ II. PERRIGNY

Situation physique et état moral de Perrigny. — L'abbé Duru, curé. — Intérêt qu'il continue de porter au Petit-Séminaire. — On lui propose l'aumônerie du Collége et celle de l'Ecole normale.

Derrière la montagne qui alimente de ses sources l'Hôpital-général et donne aux Auxerrois leurs vins les plus renommés, se trouve, à une distance d'une petite lieue, le village de Perrigny. Ses riches prairies arrosées par le ru de

---

(*) En 1854, l'évêque de Belley et la Supérieure des sœurs de St-Joseph vinrent visiter l'Hôpital-général avec l'intention d'en faire l'acquisition au nom de cette communauté. Mais l'affaire n'eut pas de suite.

Baulche; ses coteaux tout couverts de vignes et de bois; ses maisons de campagne s'élevant çà et là dans sa fertile vallée; son église et son clocher gothiques; sa situation enfin qui permet à la vue de s'étendre, au midi, par Saint-Georges et Villefargeau jusqu'à Chevannes et Pourrain, et laisse apercevoir du côté du nord différents pays traversés par l'Yonne et le Serein, en font un des sites les plus pittoresques, un des séjours les plus délicieux pour toute âme sensible aux beautés de la nature.

Tel est le charmant village que l'abbé Duru avait été chargé par Mgr l'Archevêque de desservir avec l'Hôpital-général.

Il retrouvait la campagne et ses agréments : les sentiers des bois, le ruisseau serpentant dans la prairie, les maisons du hameau.

Après son départ de Joigny, en 1830, M. Duru avait rêvé comme une suprême félicité de remplir dans un village les saintes fonctions de curé :

..... Parcourant la plaine et les coteaux,
Nous y moissonnerons de salutaires plantes,
Qui nous livrant leurs sucs et leurs vertus puissantes,
Du corps de nos enfants soulageront les maux.
Ici nous offrirons une épouse à Tobie;
Là, par le bain sacré, nous rendrons à la vie
Le fruit, mort en naissant, d'une sainte union.

Il ajoutait :

Quel bonheur d'arrêter par de touchants discours
Le jeune homme imprudent qui s'achemine au crime!
. . . .
Quel bonheur d'expliquer aux simples villageois
Ce Dieu dont tout redit la grandeur et la gloire!
. . . .
Quel bonheur d'assister l'homme qui va mourir,
De lui parler de paix, d'amour et d'espérance,
Et pour l'encourager à longuement souffrir,
De lui montrer son Dieu mourant dans la souffrance!
Quel bonheur de calmer les plus vives douleurs,
De dire à l'orphelin qui regrette sa mère :
Je t'adopte et ma main veut essuyer tes pleurs!
. . . .
Mais que dis-je, insensé! Quel prestige enchanteur
Ose encore me bercer d'une espérance vaine!
Non, je ne dois plus croire à ce rêve flatteur.

On sait les raisons qui lui faisaient craindre alors de ne pas être prêtre; on sait aussi comment sa fermeté et sa constance avaient triomphé de toutes les difficultés. Maintenant son rêve est devenu une réalité. M. Duru est non-seulement prêtre, mais curé de village. La petite vigne qu'il a désirée en partage, il la possède et va lui prodiguer ses soins. Il est heureux.

Le nouveau curé, cependant, n'ignorait pas quels obstacles au salut des âmes il allait rencontrer dans sa paroisse. A Perrigny, en effet, les hommes sont en rapports continuels avec les vignerons auxerrois dont la plupart ne croient guère qu'au soleil ; la ville, par sa proximité, attire les jeunes gens à ses fêtes et à ses plaisirs profanes ; enfin, les femmes obligées chaque matin de porter le lait à Auxerre, s'imaginent être dispensées d'accomplir le précepte du dimanche. L'abbé Duru savait donc ce qu'il lui en coûterait pour défricher cette terre inculte. Mais il espérait, avec le temps et la grâce de Dieu, y voir croître, à la place des ronces et des épines, de belles et vigoureuses plantes. Il se faisait illusion.

Malgré ses fréquentes visites à ses paroissiens; malgré les bonnes lectures qu'il leur procura en fondant une petite bibliothèque paroissiale; malgré son zèle pour l'instruction et l'éducation des enfants; malgré le bon exemple donné par la famille Sauvageot qui habitait *Le Verger*, et par le président du tribunal d'Auxerre, M. Chardon, à qui appartenait la propriété du *Petit-bois*, le pauvre prêtre eut la douleur de voir les âmes persister dans leur indifférence et leur aveuglement. Sa peine était d'autant plus vive qu'il aimait son troupeau du fond de ses entrailles, et que dans la vivacité de sa foi et l'ardeur de son zèle, il s'était flatté d'obtenir plus de succès.

Cependant le double service de Perrigny et de l'Hôpital-général ne l'empêchait pas de s'occuper encore de ses anciens et toujours chers enfants, les séminaristes.

Ceux-ci l'avaient prié dans les termes les plus affectueux de ne pas quitter le Petit-Séminaire. « Comment, lui écrivait l'un d'eux, me séparer d'un si bon père, qui m'a tant aimé et que je chéris tant moi-même. Je ne pourrais donc plus aller chercher des consolations. Quand j'éprouverais quelques peines, je ne pourrais donc plus aller déposer mes petits chagrins dans le cœur si bon et si tendre de mon père. » Lorsque la séparation fut consommée, ces mêmes jeunes gens le conjurèrent de ne pas du moins les abandonner, de leur continuer de loin ses conseils, ses soins. On lui écrivait : « Je sens que j'aurai encore besoin de votre main pour me conduire ; je sens que ma faiblesse exige encore des soins que personne peut-être ne pourra me rendre, si ce n'est vous, mon bon père. Mais mon cœur saura bien vous aller chercher pour trouver la paix et la consolation. »

L'abbé Duru ne pouvait pas repousser des demandes exprimées en des termes si confiants et si affectueux. Il continua donc de confesser ses anciens pénitents à la chapelle du Petit-Séminaire, et d'aller causer avec eux aux heures de récréation.

Toutefois son cœur n'était point satisfait. Depuis que M. Duru ne vivait plus au milieu des jeunes gens, il se trouvait sorti de son élément.

La Providence lui ménagea l'occasion d'y rentrer. On lui proposa d'être professeur d'instruction religieuse à l'Ecole normale et au Collége d'Auxerre. Il s'empressa d'accepter, en principe, la proposition qui lui était faite par les directeurs des deux établissements. Puis, craignant de n'avoir pas au Collége toute sa liberté d'action, il se chargea seulement de l'Ecole normale et y entra, le 21 octobre

1843, laissant le service de Perrigny à M. Barbier « son excellent abbé, son fils d'adoption. »

CHAPITRE VII.

1843 — 1853

CHAPITRE VII.

1843—1853

L'abbé Duru à l'Ecole normale. — Grâce à ses persévérants efforts, il parvient à y faire régner l'esprit religieux. — L'abbé Duru professeur. — L'abbé Duru directeur spirituel.

L'Ecole normale, quand l'abbé Duru y entra, laissait fort à désirer sous le rapport religieux. Elle n'avait pas eu jusque-là d'aumônier; et les futurs instituteurs, à qui l'on n'enseignait pas les vérités de la religion et dont aucun frein ne venait réprimer les passions, étaient pour la plupart de jeunes esprits forts se piquant d'incrédulité et ayant, paraît-il, causé plus d'un scandale.

Le premier soin de M. Duru fut de

chercher à ouvrir leurs yeux aux vivifiantes clartés de la foi.

Il commença d'abord par combattre et par détruire tous les préjugés dont ils pouvaient être imbus. Dans ce but, il établit, avec l'approbation du directeur, une correspondance de deux instituteurs se proposant leurs doutes et leurs difficultés. L'un était chargé de présenter les objections; l'autre, de les résoudre; et le professeur d'instruction religieuse ne devait intervenir que pour juger, corriger et amplifier le travail.

Puis, les objections contre la religion une fois réfutées, l'abbé Duru s'occupa d'établir les principes de la foi, d'en exposer les preuves, d'en raconter les bienfaits. Il ne suffisait pas d'avoir détruit; il fallait édifier. C'est alors qu'il entreprit son *Cours d'instruction morale et religieuse*. Ce cours comprenait, dans des résumés très-succincts et sous forme de tableaux synoptiques, l'Ecriture sainte, l'Histoire ecclésiastique, le Dogme, la

Morale et la Liturgie, et permettait ainsi aux jeunes gens d'apercevoir toute la divine harmonie de la religion.

Le zélé professeur voulait plus. Tout en cherchant à faire pénétrer dans l'esprit de ses élèves les lumières de la foi, il tâchait de les amener à la pratique de leurs devoirs de chrétien.

Longtemps ses efforts furent inutiles. Quand il crut devoir annoncer, pour la première fois, qu'il allait entendre les confessions, personne ne se présenta. L'Ecole ne possédait pas de confessionnal. On en plaça un dans la salle qui servait d'oratoire : à la vue de ce meuble singulier, les uns se mirent à rire, les autres se demandèrent avec étonnement ce que c'était.

Le pauvre prêtre avait le cœur brisé. Un moment il douta de lui-même et désespéra presque du succès. « Ma position est difficile, écrivait-il à un grand-vicaire, et je souhaite de n'y pas perdre courage. Mais aimez-moi toujours; votre amitié me sera un refuge et un appui. »

Cependant Dieu lui ménageait une petite consolation. Un élève se décida, en dépit de ses camarades, à aller se confesser; et deux ou trois autres qui depuis longtemps n'osaient se présenter, suivirent son exemple. Malheureusement ce fut tout. Le reste continua de se moquer ou de trembler.

Il aurait fallu un exemple plus puissant : l'exemple du directeur. M. Duru le savait. Aussi travaillait-il avec ardeur à la conversion de ce dernier. Son vœu enfin se réalisa. M. Badin, homme d'un esprit élevé, d'un jugement sain, d'un cœur droit et bon, n'avait besoin que de connaître la vérité : dès qu'elle eut brillé à ses yeux, il l'embrassa avec bonheur et devint un chrétien fervent.

Comme tous les nouveaux convertis, M. Badin ne comprenait pas qu'on refusât de croire aux vérités de la religion, vérités traitées par lui de chimères pendant tant d'années; il s'indignait de voir qu'on ne pratiquât pas ses devoirs de chrétien, lui qui auparavant regardait les catholiques d'un œil de pitié.

Malgré les obstacles qui s'opposaient au bien spirituel de l'Ecole, on se figure aisément tout ce qu'une pareille conversion dut produire d'heureuse influence sur les élèves.

Aussi, deux années après son entrée à l'Ecole normale, M Duru pouvait-il écrire à l'un de ses amis que si l'Ecole lui donnait une occupation de tous les instants, elle faisait en revanche sa consolation. « Elle m'absorbe le jour, elle me préoccupe la nuit. C'est un rude travail quelquefois, mais c'est presque merveille de voir le terrain que le Seigneur a pris là pour sa gloire. »

Le bien qu'il opéra ainsi, par son infatigable dévouement, ne fut pas apprécié de tout le monde; on osa même le méconnaître : M. Duru, disait-on, fait des hypocrites.

Que certains élèves, pour capter la

bienveillance du directeur et de l'aumônier, aient affecté des apparences de piété, c'est possible. M. Duru était le premier à craindre ce malheur et à tâcher de le prévenir. Voilà pourquoi il écrivait à M. Badin : « A l'Ecole, il y a d'insurmontables obstacles, sinon au bien extérieur et matériel, du moins au vrai bien, au bien intérieur. Nous devons former, non pas des hommes à double face, mais des hommes de cœur et de vrais instituteurs de la jeunesse. »

De son propre aveu, au milieu du bon grain, il a donc pu se trouver de l'ivraie. Etait-ce une raison de jeter le blâme sur lui? Pour détruire l'ivraie, fallait-il étouffer le bon grain et cesser de cultiver la terre fertile de l'Ecole : n'enseigner pas les vérités de la religion, fermer le confessionnal, éloigner de la Table-Sainte? Un certain nombre d'instituteurs, après leur sortie de l'établissement, n'ont pas persévéré : c'est là le grand argument. Mais ne rencontre-t-on nulle part ailleurs de semblables défaillances? Et les jeunes filles élevées dans les maisons religieuses, et les jeunes gens formés dans les séminaires mêmes se montrent-ils, une fois rentrés dans le monde, tous et toujours fidèles à la pratique de leurs devoirs? « M. Duru fait des hypocrites! » Cette parole est malheureuse.

Elle l'affligea beaucoup, car le bruit en vint plus d'une fois frapper ses oreilles ; elle ne l'ébranla pas. Tout au contraire, sachant que la persécution est d'ordinaire le cachet des œuvres de Dieu, il n'en continua qu'avec plus d'ardeur sa féconde et noble tâche.

L'abbé Duru était entré en qualité de simple professeur d'instruction religieuse à l'Ecole normale, qui ne possédait pas de chapelle et dépendait de la paroisse Saint-Etienne. Il n'exerçait donc sur les élèves qu'une demi-juridiction : ses efforts et ses désirs se trouvaient ainsi paralysés. Afin d'être à même d'opérer plus de bien, non content d'avoir obtenu le titre d'aumônier, il sollicita l'érection d'une chapelle dans l'intérieur de l'établissement (*).

Quelque justes et habilement exposées que fussent les raisons de sa demande, toute désintéressée d'ailleurs, il ne réussit pas.

L'abbé Duru prit alors une autre voie; car il n'était pas homme à renoncer à ses idées, quand une fois, devant sa conscience et Dieu, il les avait jugées bonnes. Désespérant de voir construire, pour le moment du moins, une chapelle à l'Ecole, il entreprit de faire venir l'Ecole même à la chapelle de l'Asile.

Déjà il y emmenait avec lui, pour les cérémonies religieuses, sept ou huit élèves remplissant, les uns l'office de chantres, les autres l'office d'acolytes, etc. Mais, c'était l'Ecole tout entière, et non quelques élèves seulement, qu'il aurait voulu voir dans sa chapelle.

(*) V. Appendice § 3.

Vint une occasion qui hâta l'accomplissement de son désir. Un professeur était mort dans l'établissement. Au bout de l'an, M. Badin pria M. Duru de célébrer à l'Hôpital-général, en présence des maîtres et des élèves, un service solennel pour le repos de l'âme du défunt. Le prudent aumônier hésita tout d'abord; puis, il se laissa vaincre par les instances de son directeur : le service eut lieu. Seulement, deux ou trois jours après, M. Duru recevait de l'Archevêché une lettre dans laquelle on le priait de vouloir bien donner des explications sur ce fait : il en avait été accusé comme d'un crime.

Voici la réponse qu'il s'empressa d'envoyer à l'un de MM. les grands-vicaires; elle ne manque pas d'un certain intérêt :
« Sa Grandeur désire savoir s'il est bien vrai que j'ai *fait un service de bout de l'an à la chapelle de l'Hôpital-général des aliénés pour un professeur de l'Ecole normale, service très-solennel avec musique, auquel ont assisté tous les*

membres de l'établissement, maîtres et élèves. En vérité oui, j'ai commis ce crime avec toutes les circonstances susdites; et, pour faire connaître toute l'étendue de mes torts, je l'avoue, j'ai été fâché de ne pouvoir ajouter diacre et sous-diacre. Faut-il vous tout dire! Eh bien! je médite encore d'autres crimes de ce genre. Oh! ma conversion à cet égard ne s'opérera pas demain; et tant qu'il y aura une goutte de sang dans mes veines et un souffle de vie en moi, je m'emploierai tout entier à inspirer la foi et l'amour de Dieu. »

Des intentions si excellentes ne pouvaient qu'être applaudies par les supérieurs de M. Duru : on ferma les yeux et on approuva en secret.

La présence de l'Ecole tout entière dans la chapelle de l'Asile était donc un fait accompli. Et la place, une fois battue en brèche, ne devait pas tarder à être occupée.

Toutefois, pour ne pas compromettre

le succès par trop de précipitation, l'abbé Duru n'avança que peu à peu et après avoir soigneusement sondé le terrain, calculé les difficultés, supputé ses forces. Ne croyant pas encore arrivé le moment de conduire les élèves à l'Asile pour les offices, il tâcha d'obtenir qu'ils y vinssent pour les prières de l'Avent et du Carême. A cet effet, il écrivit peu de temps après au même grand-vicaire qui avait feint de blâmer la célébration du service. « Avant de recevoir votre lettre, je me proposais de vous écrire précisément pour vous prier de m'aider auprès de Monseigneur à pouvoir me rendre bien plus grandement coupable encore. Je me suis dit : Pourquoi ne demanderais-je pas mes choristes, mes acolytes et le reste comme à l'ordinaire pour la prière à l'Hôpital-général, tous les jeudis de l'Avent et du Carême. M. Badin me dira : Que ferai-je des autres élèves? Je répondrai : Vous les amènerez vous-même à la tribune et je parlerai plus pour eux que pour les fous; et M. Badin me répliquera à son ordinaire : Vous voulez trop bien pour que je refuse : on ira. Je suis assuré, monsieur, qu'il en sera de la sorte si Monseigneur obtempère à mes désirs; car ici l'on m'aime et l'on m'accorde tout, parce qu'on sait pourquoi je demande et pourquoi je veux en dépit des obstacles. Je sais qu'on tonnera contre moi. Mais au ciel et sur la terre, je ne crains qu'un tonnerre, c'est le mécontentement de Dieu; tout le reste m'est indifférent. »

Inutile de dire qu'on s'empressa d'accorder l'autorisation demandée. A Sens comme à Auxerre, on jugea qu'il voulait trop bien pour lui rien refuser.

Une mesure en appelait une autre. N'était-il pas naturel que les élèves, recevant à l'Asile le pain évangélique, y reçussent également, de la même main paternelle, le pain eucharistique ? Et puis les communiants se rendaient seuls à la cathédrale ; à l'Hôpital-général, au contraire, ils demeuraient sous les yeux de leur aumônier qui les ramenait avec lui. A la cathédrale, ceux dont la foi n'était pas encore robuste, pouvaient être retenus ou troublés par le respect humain ; à l'Hôpital-général, ils trouvaient dans l'exemple de leurs condisciples, un sujet d'édification et un motif d'encouragement.

Ces différentes raisons déterminèrent M. Duru à solliciter pour ses enfants la permission non-seulement de communier à l'Asile mais d'y satisfaire même au devoir pascal : ce qui lui fut également accordé.

A force d'obtenir priviléges sur priviléges il parvint à exercer sur l'Ecole une juridiction quasi-curiale. Et de fait, il ne lui restait plus pour la détacher complétement de sa paroisse qu'à faire venir les élèves et les maîtres à l'Hôpital-général pour tous les offices religieux.

C'était le plus difficile. Mais l'abbé Duru ne pouvait pas laisser son œuvre inachevée et s'arrêter, après mille obstacles vaincus, au moment d'entrer au port.

Afin donc de mener, sinon plus vite, du moins plus sûrement, l'affaire à bonne fin, il s'adressa cette fois aux membres de la Commission de surveillance, leur communiqua ses vues, les y amena insensiblement et obtint qu'ils les fissent eux-mêmes adopter par Mgr l'Archevêque.

Un jour, en effet, on lui envoyait de Sens la lettre suivante :

« La Commission de surveillance de l'Ecole normale de l'Yonne écrit à Monseigneur pour le prier de vouloir bien, *dans l'intérêt religieux des élèves*, vous autoriser à faire remplir à ces jeunes messieurs tous leurs devoirs religieux dans la chapelle de l'Hôpital-général. Sa Grandeur me charge de vous dire en réponse à la demande qui lui est faite, qu'elle accorde volontiers que les offices religieux soient célébrés pour l'Ecole normale dans la chapelle de l'Hôpital-général. Pour ce qui la concerne, elle vous donne les pouvoirs dont vous pouvez avoir besoin. Il vous restera à vous concerter avec M. le Directeur de l'établissement. »

Cette lettre est datée du 3 octobre 1851. M. Duru, entré à l'Ecole en 1843, mit ainsi huit ans à réaliser son projet. Mais enfin, à force de persévérance, il avait réussi; et sa paternité spirituelle, en devenant plus entière, allait être par là même plus féconde.

Sur ces entrefaites, M. Badin était mort, emportant les regrets de tous et particulièrement de son aumônier, qui perdait en lui un ami véritable.

Le nouveau directeur ne pratiquait pas. Néanmoins, sous son administration, le bien commencé continua; il fit, surtout après le renouvellement du personnel, de sensibles progrès; et, dans le courant de l'année 1854, à l'occasion d'un jubilé dont les élèves avaient suivi les exercices, M. Duru pouvait écrire à son père : « La chapelle de l'Asile a été témoin de ce que jamais elle n'avait vu. Toute l'Ecole, maîtres et élèves, ont communié dimanche. M. N..... un des membres de la Commission de surveillance s'était joint à eux ; car ce savant est tout-à-fait revenu à Dieu. Nos élèves disaient le soir entre eux qu'ils n'oublieraient jamais ce jour. »

L'abbé Duru voyait donc ses efforts couronnés du plus heureux succès. Aux profondes ténèbres de l'ignorance et de l'incrédulité avaient succédé les vives lumières de la foi ; et, à la place du vice, fleurissait la vertu.

L'infatigable aumônier ne borna pas là son zèle. Non content de faire de ses élèves des chrétiens éclairés et pieux, il avait la louable ambition de les dépouiller de la rusticité qu'ils apportaient pour la plupart de leurs villages, et de les former aux bonnes manières.

Une nouvelle décision de la Commission de surveillance vint lui faciliter cette tâche. On le logea dans l'établissement. Dès lors, vivant au milieu des élèves et les voyant à l'œuvre, partout et à toute heure, au dortoir et au réfectoire, dans le temps des récréations et même pendant les promenades, il pouvait plus facilement les connaître et partant les perfectionner.

On sait l'ingénieux moyen qu'il employait pour les corriger. Il faisait de chacun de leurs défauts des sujets de fable qui étaient lues en présence de la communauté tout entière. Par exemple, l'hypocrisie sous sa plume, devenait

« Un saint homme de chat posté sur son derrière
Et miaulant d'une touchante voix,
Comme s'il eut dit sa prière. »

L'orgueil :

« Un gros dindon qui tout le jour,
Au milieu d'une basse-cour ;
Faisait à tout venant la roue. »

Bref, le professeur fabuliste ne découvrait pas dans ses élèves la plus petite imperfection sans la leur représenter aussitôt sous la forme allégorique. Le remède était rarement inefficace; seulement, il était parfois violent. Une fois entre autres, M. Duru composa contre certains jeunes gens qui avaient conçu des sentiments de jalousie, la fable intitulée : **Les Chiens et les Chats**. Les pauvres chats reconnus à leur portrait parfaitement ressemblant, furent presque montrés au doigt. Pendant longtemps, à l'Ecole, les élèves se dirent malignement : « **Tu es chat, moi je suis chien.** »

Enfin l'abbé Duru n'oubliait pas qu'il avait à former de futurs instituteurs de la jeunesse. Persuadé de la vérité de cette maxime : *Vis-ne fieri doctissimus, scribe aut doce*, il établit des conférences catéchistiques dans lesquelles les jeunes gens eux-mêmes devaient enseigner. D'abord y assistèrent les élèves maîtres seulement; ceux de 3e et de 4e année, remplissaient le rôle de maîtres, les autres représentaient les écoliers. Plus tard, on admit les enfants des annexes. Un ou plusieurs élèves-maîtres leur faisaient réciter le catéchisme et leur expliquaient la lettre. Les auditeurs étaient appelés à donner leur avis, à exercer leur critique. M. l'aumônier relevait les erreurs dogmatiques, signalait les fautes de grammaire, de style, de prononciation, de politesse, etc. Après quoi l'on rédigeait un compte-rendu de tous les incidents de la séance (*).

De pareils exercices pouvaient ne pas plaire à tous les élèves, particulièrement aux élèves inactifs et susceptibles. Ils prenaient, de plus, un temps assez considérable. Mais aussi avaient-ils leurs avantages. En tout cas, ils valaient bien ces exercices d'un autre genre que, de par MM. les Ministres de l'Instruction publique, on leur a substitués depuis en

*, On peut voir à l'Appendice, § 4, quelques extraits de ces comptes-rendus.

employant les élèves de l'Ecole normale à manier la pioche, à rouler la brouette, à battre le blé, à semer des betteraves ; comme si les instituteurs devaient apprendre aux habitants des champs à cultiver la terre ; comme si le plus souvent, ils ne devaient pas eux-mêmes laisser en friche leur propre jardin.

Jusqu'ici, l'abbé Duru a été considéré uniquement comme aumônier et comme professeur. Reste à voir en lui le directeur spirituel.

A l'Ecole normale ainsi qu'au Petit-Séminaire, le grand secret dont l'abbé Duru se servit pour ouvrir les cœurs, en sonder les plaies, y verser le baume des consolations et le vin régénérateur de la grâce, fut la tendresse.

Tendresse pleine de dévouement. Il ne s'appartenait pas et était à ses enfants à toute heure de la journée. Dans la crainte, ou plutôt, dans l'espoir de les voir venir les uns ou les autres lui demander un conseil, lui confier une peine, il ne sortait que pour se rendre à l'Hôpital-général et là où l'appelaient ses affaires. Durant les cinq années de son séjour dans l'intérieur de l'établissement, il ne connut d'autre lieu de récréation que la cour des élèves, d'autre lieu de promenade que son jardin.

Tendresse pleine de la plus paternelle indulgence, et néanmoins exempte de faiblesse. Si plus d'une fois, en effet, l'abbé Duru a demandé grâce pour des élèves qui lui paraissaient véritablement repentants, les prières les plus vives, les plus puissantes recommandations n'étaient point capables de le fléchir, quand il craignait de la part des coupables de nouvelles fautes. Il voulait bien donner tous ses soins aux brebis malades, mais à la condition qu'elles y répondraient fidèlement; il consentait avec bonheur à leur faciliter le séjour ou la rentrée au bercail, mais après s'être assuré qu'elles ne corrompraient jamais le reste du troupeau.

Tendresse que ni le temps ni l'éloignement n'altéraient. Ses élèves, après comme avant la sortie de l'Ecole, continuaient d'être les objets constants de sa sollicitude. Ils ne lui écrivaient ni assez souvent ni assez longuement. « Vous me demandez, répondait-il à l'un d'eux, la permission de m'écrire. Oh! il n'était pas besoin de me la demander. Ecrivez-moi, écrivez-moi. Si je forme un vœu, c'est qu'il en soit ainsi pour vous et pour tous. Ne craignez pas de continuer d'appuyer votre cœur contre le mien. Vous y feriez tous assaut que vous ne l'épuiseriez pas ; car l'amour que je vous porte, c'est la charité de Notre Seigneur, et elle est infinie. »

Et lorsque sa voix paternelle était entendue, quand ses anciens enfants accouraient se jeter avec un abandon filial dans ses bras si largement ouverts, le bon prêtre goûtait une joie, une consolation sans égale. Il lui semblait que ces pauvres jeunes gens devaient bien se trouver, sur son cœur, et que, placés en quelque sorte sous la sauvegarde de son amour et de son expérience, ils n'avaient rien à redouter des dangers du monde (*).

Malheureusement, tous ne répondaient pas à ses soins, n'étaient pas capables de comprendre l'étendue de son affection pour eux. Quelques-uns même, dans leur grossière ignorance du ministère sacré du prêtre, lui fermaient leur cœur par la crainte qu'il n'abusât de leurs aveux ou qu'il cessât de les estimer. On doit penser si son cœur saignait (**).

Mais ceux qui lui causaient ces peines formaient le petit nombre. La plupart,

---

(*) V. Appendice, § 1.

(**) « Que vous êtes d'étonnants jeunes gens de si mal comprendre le prêtre chrétien, de si peu vous apercevoir de sa tendresse, je ne dis pas assez, de la passion qu'il a pour votre bien. Eh! mon Dieu, ne trouverons-

au contraire, se montraient pour lui pleins de reconnaissance et de docilité. On en pourrait nommer qu'il crut appelés à l'état ecclésiastique, qu'il dirigea dans cette voie et qui, selon ses espérances, sont devenus des prêtres instruits, vertueux et zélés.

nous donc que de l'indifférence, de l'éloignement et de l'ingratitude dans des jeunes gens que je porte si avant dans mon cœur, qui règnent jour et nuit dans ma pensée, au bonheur de qui je sacrifie tout. Faites leur donc comprendre, ô mon Dieu, combien cruellement ils me blessent, et de quel rude tourment ils m'affligent en résistant au bien que je veux leur faire. »

CHAPITRE VIII.

1853 — 1858

CHAPITRE VIII.

1853—1858

Considération dont jouit M. l'abbé Duru. — Ses luttes. — Mort de son père. — Sa sortie de l'Ecole.

Les heureux résultats obtenus par l'abbé Duru depuis son entrée à l'Ecole normale de l'Yonne, lui avaient concilié l'estime générale, non-seulement dans la ville d'Auxerre, mais dans tout le département, où l'on commençait à recueillir les fruits de son zèle intelligent et de son dévouement infatigable.

Ses supérieurs ecclésiastiques et universitaires lui donnèrent maintes preuves de leur confiance, soit en réclamant ses conseils, soit en le chargeant de missions délicates, soit en lui accordant toujours de nouvelles attributions.

Mgr l'Archevêque de Sens, à une certaine époque, désirait « organiser l'instruction religieuse de la même manière à peu près, à tous les degrés que se donne l'enseignement dans les écoles, depuis la salle d'Asile jusque dans le collége en plein exercice. » Sa Grandeur crut devoir s'adresser à son aumônier de l'Ecole normale pour la rédaction de ce travail important. « C'est, lui écrivait-elle, tout un plan à combiner et à rédiger, de telle sorte cependant que ses avantages apparaissent si frappants qu'ils se fassent accepter de tous et sans conteste de nulle part. Si vous voulez bien vous charger de me le présenter tel que vous l'aurez conçu, le succès ne me paraîtra pas douteux. »

Ce projet fut depuis abandonné. Néanmoins la communication qu'on en fit à l'abbé Duru ne laisse pas d'être un témoignage, entre cent autres, de la confiance qu'inspiraient son savoir et son expérience.

Vers le même temps, il accepta la charge de délégué cantonal. Puis, un peu plus tard, pendant que M. le Recteur et M. le Préfet le nommaient membre de plusieurs commissions, Mgr l'Archevêque le proposait à M. le Ministre de l'Instruction publique comme *Inspecteur des pensionnats de filles dirigés par les religieuses*.

Plusieurs pensionnats de ce genre existaient sur divers points du départetement; et leur inspection devait prendre un temps considérable. L'abbé Duru, craignant que cette charge ne nuisît à ses autres devoirs, pria son évêque de ne pas la lui imposer; mais ses observations ne furent pas prises en considération. Toutefois il ne conserva sa nouvelle fonction qu'une année. Soit qu'on eut voulu lui en épargner les ennuis, soit que le nouveau décret sur l'inspection des pensionnats religieux eut cessé d'être en vigueur, l'abbé Duru ne fut point renommé.

Il était en outre, *membre du Conseil académique :* autre charge qui lui créa de nombreuses occupations. En dehors des séances académiques ordinaires, il avait avec M. le Recteur de fréquents et longs entretiens sur tout ce qui concernait le placement des instituteurs : sur les avantages et sur les inconvénients du poste, ainsi que sur l'aptitude et les dispositions morales du sujet, etc. Aucune mesure tant soit peu importante n'était adoptée sans que l'aumônier de l'Ecole ne fût appelé à donner son avis.

On le savait. Aussi recevait-il, tant des instituteurs que des curés et des maires, une foule de visites et de lettres. Tantôt, c'était une demande personnelle; tantôt, une recommandation; ici, des plaintes; là, des témoignages de reconnaissance. Son cabinet, les jours de congé surtout, ne désemplissait pas On lui adressait souvent jusqu'à cinq ou six lettres par jour; et jamais il ne manquait d'y répondre.

Cependant, on parlait d'une nouvelle loi qui devait réduire le nombre des académies à seize, et placer dans chaque département un inspecteur de l'Université, avec un Conseil destiné à remplacer le Conseil académique.

L'abbé Duru voyait venir ce changement avec peine. M. Haussmann administrait alors le département de l'Yonne. L'humble aumônier de l'Ecole ne craignait pas de lui exprimer sa pensée sur le projet en question. « Que veut-on? lui écrivit-il, probablement réduire la dépense et remettre en partie les instituteurs sous l'autorité des préfets. Qu'obtiendra-t-on par là? rien de ce qu'il faudrait. Le mal affreux qui nous perd et qui cause aux gens réfléchis les plus sérieuses inquiétudes, c'est la démoralisation du peuple. Des hommes à gages, sous la férule des maires qui seront tout puissants contre eux auprès des préfets, ne ramèneront jamais les populations à la vertu et à la religion... Les académies ont fait beaucoup de bien, je le sais par expérience; et grâce à la nôtre, nos instituteurs ont considérablement gagné. Je crains que le nouveau régime ne les rende promptement ce qu'ils étaient, il y a trop peu de temps encore. »

Le temps et l'expérience ont fait voir depuis si ces appréciations étaient justes.

Quoi qu'il en soit, la loi fut portée; et l'ancienne, « l'excellente académie cessa d'exister. »

M. Duru devait y survivre. Aux termes du décret, un ecclésiastique représentant le clergé du diocèse, entrait de droit avec l'Evêque dans le nouveau Conseil départemental de l'Instruction publique : c'est lui qui fut choisi par Mgr Mellon-Jolly.

Pendant un certain nombre d'années, les séances se tinrent régulièrement tous les mois. De plus, on soumettait d'avance à l'examen de chacun des membres, toutes les affaires à traiter; on communiquait même les dossiers à qui les voulait consulter; de sorte que les avis étaient toujours donnés, les votes déposés, les décisions prises en parfaite connaissance de cause. Tant que dura ce régime, le Conseil départemental de l'Yonne exerça une véritable et heureuse influence; et l'abbé Duru, pour sa part, put se rendre le consolant témoignage d'avoir, dans plus d'une question délicate et épineuse, avantageusement servi les intérêts de la religion.

Depuis, les lumières de MM. les Inspecteurs, doublées de celles de MM. les Préfets, sont apparemment devenues suffisantes; car les sessions n'ont plus guère lieu qu'une fois ou deux par an. Encore sont-elles fort courtes, le travail étant tout préparé à l'avance et n'attendant plus qu'une approbation.

Tandis que l'abbé Duru voyait son

crédit aller toujours croissant, des ennuis lui étaient suscités dans l'intérieur de l'Ecole. « On le mettait à l'écart, on blâmait hautement ses actes, on avait la prétention de contrôler son enseignement religieux et moral, on éloignait de lui les élèves, etc. »

Il faut dire que parfois ces procédés hostiles coûtaient cher à leurs auteurs. Un exemple entre autres. M. l'aumônier avait conseillé à un élève la lecture d'un passage de Fénélon. M. le directeur saisit l'ouvrage publiquement. C'était désapprouver et paralyser les moyens d'action du ministère du prêtre. L'acte, quel qu'en fût le mobile, était pour le moins imprudent.

L'abbé Duru ne savait pas dissimuler ce qui se passait dans son cœur; aussi s'en expliqua-t-il ouvertement avec M. le directeur. Mais celui-ci, loin de reconnaître son manque de tact, dit qu'il avait agi avec connaissance de cause.

La réplique ne se fit pas attendre; et

l'extrait suivant montrera que l'abbé Duru, dans l'occasion, écrivait de bonne encre.

« ... Votre réponse est plus faite encore pour m'affliger que l'acte dont je me plains; car j'accusais une forme, une distraction, et vos paroles me mettent en droit d'accuser même la pensée qui a présidé à l'acte :

« J'étais l'accusateur; mon rôle change; je deviens l'accusé. Je vais me défendre.

« De quoi s'agit-il ?

« Un volume des œuvres morales de Fénélon a été découvert dans le pupitre d'un élève :

« Cela veut-il dire que le directeur de ce jeune homme lui ait conseillé *de prier, de lire et de méditer pendant une leçon ou une étude de géométrie ?*

« Non, attendu que dans le volume entier, il ne devait lire, et dans un temps indéterminé, que deux chapitres.

« Alors pourquoi retirer ce volume et

désapprouver par cet acte et la conduite du directeur et la conduite du pénitent, et mettre de la gêne dans leurs rapports si délicats et si difficiles chez vous plus qu'ailleurs.

« Mais on craint que le jeune homme n'abuse.

« Le livre n'est pas tentant. Après tout, faites part de vos craintes au père spirituel, si vous avez en lui la *moindre confiance*, et supposez-lui assez de prudence pour régler la chose de la manière la plus favorable au bien de l'âme et à celui des études.

« Ne convient-il pas mieux que pendant la récréation l'élève se retire à la chapelle?

« L'ai-je défendu? Pensez-vous que je ne l'aimerais pas mieux! Dans un établissement chrétien la chose se pratique ainsi. C'est à la chapelle ordinairement que l'on va faire sa pénitence et les exercices religieux nécessaires au besoin de l'âme; mais dans une maison où manque l'exemple, où règne le respect humain, où l'on traite de *fanatiques* ceux qui veulent entrer dans la bonne route, il serait de la dernière imprudence d'exiger que les élèves accomplissent leurs pieuses pratiques à la chapelle pendant la récréation.

« Et cependant, l'âme malade restera-t-elle sans secours? Ah! monsieur, on le voit bien, vous ignorez les tristes infirmités des âmes et des difficultés de ce grand art dont on a dit : *Ars artium regimen animarum*. Croyez-moi, le jeune homme qui dérobera cinq ou six minutes à une longue journée d'études sèches et arides pour retremper son âme et la raviver par la pensée de Dieu ; croyez-moi, ce jeune homme-là sera plus studieux que les autres, et le joug que lui imposera la foi le rendra meilleur que le joug inflexible et sans consolation de la sévérité et de la crainte servile.

« Malgré cela vous ajoutez : Quoi que

vous en pensiez, il n'y a point eu de mal et il n'y en aura pas.

« A moins que ce ne soit pas un mal qu'on puisse soupçonner entre vous et moi une manière différente de voir les choses.

« A moins que ce ne soit pas un mal de me mettre dans la gêne pour le gouvernement des âmes.

« A moins que ce ne soit pas un mal de rendre suspects mon zèle et mon expérience.

« A moins que ce ne soit pas un mal de placer les jeunes gens dans la nécessité de refuser les livres dont je leur prescris la lecture.

« A moins que ce ne soit pas un mal d'avoir troublé la précieuse harmonie et le parfait accord qui régnait entre vous et moi.

« Je l'accorde... »

L'avis n'était assurément pas de nature à rétablir l'harmonie rompue. Il s'éleva entre le directeur et l'aumônier un véritable conflit, à la suite duquel M. Ducharme fut contraint de donner sa démission.

Ce n'est pas la seule lutte que M. Duru ait eu alors à soutenir. Depuis longtemps MM. les Inspecteurs généraux de l'Instruction publique en avaient engagé une autre. Comme on le voit, l'aumônier avait affaire à forte partie; mais peu lui importaient et le nom et la puissance de ses adversaires.

Voici le sujet du litige :

MM. les Inspecteurs généraux s'attribuaient le droit de s'assurer de l'Instruction morale et religieuse *par voie d'examen*. M. l'aumônier leur contestait ce droit et n'admettait pas qu'ils pussent, eux simples laïques, l'obliger, lui prêtre, à interroger ses élèves en leur présence. Cette prétention universitaire lui paraissait attentatoire à la dignité du ministère sacerdotal; et, dès le premier jour, il l'avait combattue.

Arrive un nouvel Inspecteur. Connaissant à l'avance les sentiments de M. l'aumônier, et ne voulant pas renoncer à son *droit*, il lui écrivit : « Je consacre toute la journée à l'inspection de l'Ecole normale. Comme j'attache la plus haute importance à l'instruction religieuse des élèves, j'ai l'honneur de vous prier de vouloir bien venir les interroger en ma présence dans l'après-midi. Nous prendrons pour votre examen le moment qui pourra le mieux se concilier avec vos occupations. »

M. Duru répondit : « M. l'Inspecteur, vous attachez la plus haute importance à l'instruction religieuse dans vos écoles ; je le savais ; et ce qui me pénètre encore plus d'estime pour vous, au-dessus de cette instruction vous placez la pratique des devoirs qu'elle enseigne et sans laquelle elle reste presque toujours au moins stérile.

« Je regrette donc, Monsieur l'Inspecteur, de ne pouvoir répondre à votre invitation : je tiens ma mission de mon évêque, et à l'évêque seul appartient l'inspection de l'enseignement religieux qu'il a confié à ses prêtres. Je ne saurais la soumettre à d'autres ni directement ni indirectement. »

C'était clair et catégorique. M. l'Inspecteur, qui pour mieux faire agréer sa demande avait invoqué l'intérêt de la religion, se trouvait pris dans ses propres filets.

On revint à la charge. L'inflexible aumônier tint bon. Alors on recourut à un tempérament. Comme, en définitive, il s'agissait d'une affaire de dignité, dignité universitaire d'une part, dignité sacerdotale de l'autre, on proposa d'adjoindre pour les examens un prêtre de la ville à M. l'Inspecteur. De cette façon, l'élément laïque et l'élément ecclésiastique étant représentés, on croyait sauvegarder les droits de chacun.

Le moyen était assez ingénieux. Mais l'abbé Duru, voyant toujours là une autorité laïque cherchant à mettre plus ou moins directement son contrôle sur un enseignement qui ne relève pas d'elle, ne consentit à aucune transaction.

Le débat suivit son cours, et fut porté devant M. le Ministre de l'Instruction publique qui se plaignit à Mgr l'Archevêque de Sens. Celui-ci en informa M. Duru, lui demanda des explications, et, selon une manière de faire habituelle à Sa Grandeur, envoya au ministère la lettre justificative même de l'aumônier.

Il faut la produire en partie; car elle montre, avec l'inébranlable fermeté de l'abbé Duru, la haute idée qu'il concevait et voulait donner aux grands comme aux petits, du ministère sacerdotal.

« S'il est vrai ainsi que l'insinue la plainte ministérielle, que l'Inspection ait le droit de s'assurer de l'instruction religieuse par *voie d'examen*, j'ai pu mériter le blâme que l'on m'inflige. Mais, Monseigneur, j'ai trop le désir du bien, et en particulier du bien à l'Ecole normale, pour avoir refusé un concours sérieux à MM. les Inspecteurs. Jamais je ne leur ai refusé les renseignements qu'ils m'ont demandés; au contraire, je les ai toujours donnés aussi complets que la délicatesse et la gravité de mon ministère le permettaient.

« Quant aux examens, c'est autre chose.

« 1º Jamais je n'ai pu me persuader qu'une séance d'une demi-heure ou d'une heure pour cinquante élèves, sur des matières écoutées et non apprises, une séance à l'improviste amènerait à constater véritablement l'état de l'instruction religieuse dans un établissement.

« 2º Un examen, quel qu'il soit d'ailleurs, ne prouve rien, absolument rien pour la foi, la pratique de la religion et les mœurs. N'est-ce pas là cependant ce qui doit surtout attirer l'attention? Et à quoi servirait l'instruction sans la pratique? Or ai-je refusé là-dessus des renseignements? jamais.

« 3º Il m'a semblé que l'examen dont

il s'agit tendait évidemment à faire du prêtre, au moins aux yeux des élèves, *un maître de religion*, placé sur la même ligne que les maîtres d'écriture et de grammaire; et je l'ai refusé, non pas cette année seulement, mais constamment depuis sept ans, à l'exception de deux fois que des intérêts graves ou respectables pour l'établissement m'ont déterminé à résister à mes répugnances.

« J'ai toujours cru que je devais laisser là l'examen de l'Inspection en général; j'ai cru que je le devais tout particulièrement éloigner en ce qui me touche, dans un établissement où l'on ne m'a pas paru avoir du ministère sacerdotal la haute idée qu'il mérite. Il fallait, il faut montrer à cette jeunesse que la science que donne le prêtre vient du Ciel et ne relève que de ceux à qui Dieu a dit : *Ite, docete,* et non de tel ou de tel savant, plus ou moins chrétien, parvenu à la charge d'Inspecteur des Ecoles; que cette science est immuable et commande par elle-même à tous le respect, l'obéissance et l'amour. J'ai apporté la même résistance quand le nouveau directeur a voulu, au commencement de son administration, établir en règle qu'il visiterait mes cours pendant mes instructions; et ce que j'ai fait, la dignité, la liberté et la délicatesse du ministère évangélique me le prescrivaient, et non l'orgueil comme on a trouvé bon de me le dire en face.

« Je me suis montré plus ferme encore peut-être, après que, ayant demandé que des prêtres pussent assister à mes examens, il m'a été répondu que les réglements ne le permettaient pas. Si les réglements interdisent à MM. les curés l'examen des matières religieuses, à qui donc appartient-il? Fallait-il par ma condescendance laisser le prêtre au-dessous du fidèle en cette matière?.....

« Deux mots encore sur cet objet.

« S'il était si important de prendre connaissance de mes cours, les élèves ont par écrit le résumé de chaque conférence; on le sait, on y a eu recours, on a interrogé plus d'une fois sur leurs cahiers. On peut donc se renseigner parfaitement sur l'instruction morale et religieuse, sans soumettre les prêtres à une espèce de juridiction et de surveillance que l'Eglise n'a point confiées à des laïques et à des laïques qui peuvent n'être pas ses enfants, et qui du reste ne sont pas, comme les directeurs des consciences, les justes appréciateurs de ce qu'il faut spécialement enseigner..... »

M. l'aumônier expose ensuite la situation de l'Ecole, qui depuis quelques années laissait de plus en plus à désirer sous le rapport religieux ; puis, après en avoir cherché et indiqué la cause, il ajoute :

« Est-ce à dire, Monseigneur, qu'il faille désespérer de l'Ecole et l'abandonner? ce n'est pas mon opinion. J'ai passé ma vie avec les jeunes gens et je crois les connaître. Ils sont rarement irrémédiablement gâtés. On peut les tourner à la vertu, on peut en faire des hommes sérieux, mais il faut pour cela un régime véritablement chrétien et des exemples dans les supérieurs. Ah! quand la religion accueillera elle-même ces jeunes hommes, quand sa voix maternelle leur parlera, quand ils se sentiront pressés sur son sein, ils revivront, leur foi se réveillera, leurs passions seront vaincues, ils seront tout ce qu'il faudra ; mais c'est à la religion seule qu'il appartient de former des maîtres de l'enfance ; les mercenaires n'y réussiront pas et tous les maîtres qui ne sont pas chrétiens ne sont que cela.

« Pour moi je sacrifierai tout à l'Ecole de l'Yonne, Monseigneur : mon temps, mon repos et mes études favorites ; mais j'espère que personne ne voudra que j'ajoute à tous ces sacrifices celui de mon respect pour la dignité terrible et sublime qui m'a été conférée par le sacerdoce. On peut, je crois, compter toujours sur mon zèle et sur mon concours efficace, et il me semble que M. le Ministre m'a jugé trop sévèrement. »

Cette ferme et noble réponse affligea, paraît-il, Son Excellence. Et pourquoi? parce que devant la résistance opiniâtre de M. l'aumônier de l'Ecole normale, MM. les Inspecteurs se trouvaient dans la funeste et douloureuse impossibilité de s'assurer si les élèves-maîtres avaient reçu l'instruction morale et religieuse qu'ils seraient un jour appelés à donner eux-mêmes à leurs élèves.

Quelle sollicitude pour les intérêts de la religion ! c'est à n'y pas croire, mais qu'on lise plutôt :

« Monseigneur,

« Vous avez bien voulu me communiquer la lettre dans laquelle M. l'abbé Duru, aumônier de l'Ecole normale primaire d'Auxerre, explique les raisons qui l'auraient empêché d'accorder le concours qui lui était demandé par M. l'Inspecteur de l'Académie, lorsqu'il a visité l'établissement.

« Je vois avec peine que cet ecclésiastique refuse d'assister aux examens que MM. les Inspecteurs pourraient faire dans l'Ecole normale pour s'assurer de l'instruction religieuse des élèves-maîtres. Quelque honorables qu'en soient les motifs, la susceptibilité de M. l'abbé Duru me paraît mal fondée.

« Les élèves-maîtres devenus instituteurs auront pour première obligation de donner à leurs élèves l'instruction morale et religieuse; il est donc nécessaire de constater qu'ils reçoivent eux-mêmes à l'Ecole normale un enseignement si important. En s'abstenant de s'assurer sous ce rapport de l'instruction des élèves-maîtres, les Inspecteurs sembleraient y attacher moins de prix qu'aux autres parties de l'enseignement. Une pareille pensée serait entièrement opposée à leur devoir et aux instructions qu'ils ont reçues de l'administration supérieure.

« Je livre ces considérations, Monseigneur, à votre appréciation si éclairée et si décisive en pareille matière. »

Personne ne peut nier que les sentiments exprimés par M. le Ministre de l'Instruction publique ne fussent excellents. Néanmoins, Mgr l'Archevêque n'entra probablement pas dans ses vues, car M. l'abbé Duru, qui n'agissait que par les conseils et avec l'agrément au moins tacite de Sa Grandeur, continua comme par le passé de refuser son concours aux examens religieux de l'Ecole.

Que pouvaient faire alors ses supérieurs universitaires? Révoquer l'indocile aumônier? mais décemment il fallait une raison, et son refus de reconnaître un droit pour le moins contestable, n'en était pas une suffisante, surtout après le bien opéré par son zèle à l'Ecole. Fermer les yeux et ne rien dire? mais c'était un sacrifice bien dur à l'orgueil humain.

Ne pouvant donc briser l'humble roseau, et ne voulant pas d'un autre côté le laisser défier impunément leur dépit, afin de le rendre accessible à leurs atteintes, ils imaginèrent de l'élever.

Tout en protestant contre la résistance de l'aumônier de l'Ecole, on le combla d'éloges. « La trop courte visite que j'ai eu l'honneur de vous faire, lui écrivait un Inspecteur général, m'avait suffi pour apprécier toute la portée de votre savoir et la distinction de votre esprit. Depuis, grâce à l'obligeance de M. l'Inspecteur, j'avais pu parcourir vos principales fables, et cette lecture augmentait encore mon désir d'assister à une de vos leçons. Je regrette donc vivement que, ce matin, vous m'ayiez privé du plaisir de vous entendre. Il me semble impossible d'interpréter la *suppression de votre cours*, autrement que par un excès de modestie. Dans ce cas, ce serait un nouveau titre d'estime; mais enfin, comme représentant d'une autorité dont vous relevez tout aussi bien que moi, je suis réduit à voir dans votre refus une sorte d'infraction à cette règle qui oblige les fonctionnaires des établissements publics à subir même nos éloges bien mérités. »

On fit plus. Des paroles on en vint aux effets. On lui sacrifia M. Ducharme qui était en lutte avec lui; et, d'après son propre témoignage, que sa loyauté connue ne saurait permettre de révoquer en doute, on lui aurait proposé officieusement la place même de Directeur de l'Ecole normale.

Mais il avait trop de perspicacité et trop d'expérience pour se laisser prendre au piége, si toutefois ce fut véritablement un piége qu'on lui voulût tendre. Il craignait les Grecs et leurs présents : *Timeo Danaos et dona ferentes*. « Si je deviens directeur, dit-il, je serai tout-à-fait à la merci de Messieurs de l'Université, et je serai brisé au premier jour. En restant simple aumônier, je ne dépendrai que de mon évêque sur qui je puis toujours compter. » Il refusa donc.

Cependant, il fallait remplacer M. Ducharme. Deux candidats se portaient sur les rangs. M. Duru, consulté, désigna M. Dorlhac; et M. Dorlhac fut nommé.

Le nouveau directeur était chrétien et paraissait devoir apporter au bien spirituel de l'Ecole, depuis si longtemps paralysé, un concours efficace. Aussi, le jour et à l'occasion même de son installation, M. l'aumônier écrivait-il à un membre du Conseil général : « Enfin la bonne cause triomphe. Dieu soit loué! »

A quelque temps de là, M. l'abbé Duru perdit son bien-aimé père. C'était pour son cœur, plein d'un tendre et filial amour, une bien douloureuse épreuve. Mais à côté de la blessure, la main de Dieu plaça le baume consolateur. M. François Duru, après s'être fait aimer, pour les excellentes qualités de son esprit et de son cœur, de tous ceux qui le connaissaient, ne devait pas rester l'éternel ennemi de Dieu seul. Dès les premières atteintes de la maladie, il voulut mettre ordre aux affaires de sa conscience, et eut recours pour revenir à Dieu au ministère même de son fils. Une lettre que celui-ci écrivit à M. Prisset en fait foi. « Mon excellent père a fini avec les sentiments les plus pieux, et m'a choisi moi-même pour le réconcilier avec Dieu et lui ouvrir le Ciel. »

Déjà, son frère aîné avait désiré ne pas confier à d'autre qu'à lui les secrets de son âme, et l'avait appelé dans cette intention auprès de son lit de mort. L'abbé Duru confessa aussi plusieurs fois sa vertueuse mère; et fut, pendant un grand nombre d'années, le directeur spirituel d'une de ses sœurs. Témoignage rare du respect dont il sut toujours se faire entourer même par les siens; large dédommagement des peines domestiques qu'il lui avait fallu dévorer pour vouloir entrer dans la carrière sacerdotale; magnifique récompense que Dieu réservait à l'ardeur de sa foi, de sa charité, de son zèle!

Pendant une année encore, tout réussit à peu près au gré de ses désirs. Le nouveau directeur de l'Ecole normale lui donnait en toute circonstance l'assurance de son « dévouement et de son affection. » Les élèves, de leur côté, redoublaient pour lui d'attentions. L'Inspecteur d'académie paraissait animé des meilleurs sentiments et lui témoignait une haute estime. En dehors de l'Ecole, M. Duru voyait son crédit s'accroître de jour en jour. Il entretenait les relations les plus amicales avec les principaux membres du Conseil général, et jouissait de toute la considération de M. le Préfet qui songea à créer pour lui une aumônerie générale des établissements départementaux de la ville d'Auxerre : l'Hôpital-général, le Pénitencier, l'Ecole normale et le Dépôt de mendicité (*).

(*) Déjà le projet était arrêté et Mgr l'Archevêque donnait son approbation. Le départ de M. le Préfet empêcha l'affaire d'être menée à bonne fin.

C'était alors « le temps de sa puissance. »

Mais, pour nous servir d'une expression devenue célèbre, c'est lorsque tout semblait lui avoir réussi que tout vint à lui manquer.

On lui fit une guerre acharnée dans laquelle, malgré sa prudence et son courage, il dut succomber.

L'abbé Duru fut vaincu : mais il est des défaites plus honorables que des victoires..... (*)

Mgr l'Archevêque pour couvrir ses blessures, lui donna le manteau de chanoine honoraire, tandis que M. le Ministre lui conférait le titre de *Membre correspondant du ministère de l'Instruction publique et des Cultes.*

Cependant le cœur du pauvre aumônier était brisé. Dieu seul, s'écriait-il, connaît l'étendue de mon sacrifice. Et

---

(*) Le récit de cette lutte offrirait un vif intérêt. Malheureusement la charité et l'obéissance enchaînent notre plume.

pour qu'il se démît de ses fonctions, en dépit de ses amis qui gémissaient de voir la bonne cause humiliée, il ne lui fallut rien moins qu'un esprit d'humilité égal à sa fermeté, que son filial désir de n'ajouter pas « la plus petite goutte d'amertume à la profonde amertume qui inondait alors le cœur si affligé et si cruellement éprouvé de son évêque. »

CHAPITRE IX.

1858 — 1869

CHAPITRE IX.

1858—1869

Le Pénitencier. — Dernières années de l'abbé Duru. — Sa cécité et sa maladie. — Sa mort.

La nouvelle de la démission de M. Duru ne fut pas plus tôt connue que ses anciens élèves lui écrivirent de tous les points du département, pour lui exprimer leur vif et sincère regret.

Ces nombreux témoignages de reconnaissance et d'affection filiale purent endormir un moment sa douleur, mais ne la guérirent pas. Après avoir travaillé avec tant de succès à la gloire de Dieu et au salut des âmes, il ne se consolait pas de se voir désormais inutile. « J'ai été, ce semble, poussé au port, écrivit-il alors à l'un de ses amis, car je suis entré dans le repos, et mes épreuves, si elles continuent, seront moins rudes, le cœur ne devant plus y être pour rien; seulement je ferai moins de bien, et j'aimerais encore mieux la lutte que la paix. »

Le soin de nouvelles âmes venait, à la vérité, de lui être confié. Mgr l'Archevêque le nomma, à sa sortie de l'Ecole, aumônier du Pénitencier départemental. Mais ce poste ne suffisait évidemment pas à sa rare activité. M. Duru, en tout cas, ne devait pas y éprouver de grandes satisfactions.

Une messe basse et une instruction par semaine; des visites, le dimanche, aux malheureux détenus renfermés dans leurs cellules; une distribution hebdomadaire de livres amusants et instructifs, allaient être à peu près les seules occupations possibles à son zèle.

Quant aux consolations spirituelles qu'il avait à attendre, les voici : Quelques exemples de repentir, mais d'un repentir n'ayant rien de surnaturel, ou excité alors chez de pauvres pécheurs dont l'honneur à jamais perdu, les moyens d'existence compromis, les profondes et inconsolables douleurs déchirent l'âme compatissante du prêtre; quelques confessions, suivies le plus souvent d'une demande d'argent, d'habits, etc.; quelques bonnes résolutions qui vont se briser contre le premier écueil, échouer à la porte d'un cabaret ou au seuil d'une maison de débauche.

Tels sont ou l'ignorance invincible, ou l'abaissement moral, ou la désespérante faiblesse de la plupart des infortunés prisonniers, qu'après une dizaine d'années de ministère dans cet établissement, l'abbé Duru se demandera s'il a opéré une seule vraie conversion.

Il y a pourtant une âme que, selon toutes les apparences, l'aumônier du Pénitencier gagnera à Dieu et conduira au Ciel : nous voulons parler du nommé

Loo, condamné à la peine de mort. Ce malheureux, n'ayant plus rien à espérer de la miséricorde des hommes, voudra fléchir en sa faveur la justice divine. Il ouvrira son âme aux conseils de son aumônier et aux consolations de la religion; s'approchera du sacrement de la pénitence; demandera publiquement pardon à Dieu et aux hommes des crimes qu'il a commis; recevra dans son cœur, purifié par le repentir, le Dieu du bon larron; présentera, avec une résignation toute chrétienne, ses pieds et ses mains aux chaînes du bourreau; recevra du prêtre qui voudra gravir avec lui les degrés de l'échafaud, le baiser chrétien; et, muni d'une dernière absolution, présentera sa tête et paraîtra, plein d'espérance, devant le souverain juge.

On vient de voir ce qui attendait l'abbé Duru dans ses nouvelles fonctions : peu d'occupations et surtout peu de consolations.

Aussi, eut-il dans les premiers temps,

des moments d'une profonde mélancolie.

Pontigny comptait parmi ses Pères plusieurs des anciens et des plus chers enfants spirituels de l'abbé Duru. De plus, on parlait d'y fonder un collége religieux. Sous le coup de ses peines et dans l'espoir de rendre quelques services, l'aumônier de l'Ecole normale songea à s'y retirer.

Mais les RR. Pères, faute de secours pécuniaires et surtout faute d'autorisation, n'étaient pas en mesure de fonder ce collége tant désiré par les personnes chrétiennes L'expérience de l'ancien professeur, expérience si précieuse pour la jeunesse, n'eut pu être utilisée. D'autre part, M. Duru, avec la faiblesse de sa vue et les exigences d'une santé fort délicate eut mené difficilement la vie de communauté. Tout bien considéré, il renonça à son projet et se résigna à rester à Auxerre.

Cependant, il sut trouver dans sa foi

et dans son amour de l'étude un adoucissement à son ennui. « Je vous remercie, disait-il à M. Prisset, de la peine que votre cœur a ressentie de mes tribulations. Sont-elles finies? je soupçonne que non. *Væ victis!* Mais cela entre dans les vues de la divine Providence; et je faisais tantôt une réflexion qui me ranime; c'est à la fin de sa vie que Notre Seigneur a bu le calice amer qui nous a sauvés; et quand Dieu frappe ceux qu'il aime vers le terme de leur carrière, quand leurs constants efforts, au lieu de la récompense temporelle, reçoivent des hommes l'ingratitude et la persécution, il les traite comme il a traité son fils. C'est l'heure du sacrifice, c'est l'heure qui purifie la vertu, pour préparer à l'âme la couronne de gloire qui sera la récompense de ses combats dans la vie présente. »

Tout en fortifiant ainsi son âme par

ces admirables pensées de la foi, l'abbé Duru essayait de distraire son esprit par des travaux littéraires et scientifiques.

Pendant son séjour à Villeneuve, il avait traduit en vers français les *Tristes* d'Ovide. Après sa sortie de l'Ecole normale, il entreprit la traduction des *Pontiques*. Les plaintes du disgrâcié de Rome trouvaient un profond écho dans son âme attristée, et contrairement à ce qu'a dit Ovide, M. Duru le laissait aux jours de la prospérité, pour le reprendre dans le temps de l'adversité. Toutefois il ne lui resta pas fidèle jusqu'au bout. La traduction des *Pontiques* offrait plus de difficultés et moins d'attraits que celle des *Tristes*. Et puis, sa veine commençait à tarir. Deux ans après, ce travail auquel il ne se livrait du reste que par délassement, était complétement abandonné.

Son ami M. Prisset, membre de la *Commission des antiquités de la Côte-d'Or*, l'avait depuis longtemps initié à l'étude de la numismatique. Mais ses nombreuses occupations ne lui avaient pas permis jusque là d'y consacrer beaucoup de temps. Il s'y remit avec ardeur, augmenta considérablement son médailler, et fit même sur cette branche de la science plusieurs travaux qui parurent dans le *Bulletin de la Société des sciences* du département. Il s'occupa aussi de sphragistique, acheva son second volume de la *Bibliothèque historique de l'Yonne* et recueillit une foule de documents pour l'histoire littéraire et ecclésiastique de l'Yonne.

Cependant, Mgr l'Archevêque de Sens ne perdait pas le souvenir de l'immense sacrifice que s'était imposé, en se démettant de sa charge, l'ancien aumônier de l'Ecole normale; et il attendait l'occasion de l'en récompenser. Un canonicat titulaire se trouvant vacant, Sa Grandeur le lui offrit.

Mais l'abbé Duru avait, avec le temps, oublié ses peines passées, et vivait tranquille et heureux à Auxerre. S'en aller à

Sens, c'était changer ses habitudes, et rompre des rapports d'amitié datant d'une trentaine d'années. Il remercia Monseigneur.

Voici une lettre qu'à cette occasion lui écrivit M. Lallier, son ancien Principal du collége de Joigny, son ancien collaborateur, son ancien et toujours fidèle ami. « Je suis bien fâché, que vous n'ayez pas accepté le canonicat..... Vous aviez tant désiré de venir près de moi ; et puis, au moment de réaliser ce vœu, vous refusez. Vous avez trompé mon espérance. Je comptais sur vous pour consoler les ennuis et l'isolement de ma vieillesse, m'assister à la mort et me fermer les yeux. »

Ces tendres reproches émurent profondément M. Duru et lui firent presque regretter sa détermination : mais il était trop tard. Les deux amis, du reste, n'eussent pas joui longtemps du bonheur de vivre l'un près de l'autre : M. Lallier devait mourir l'année suivante.

Pour toujours fixé à Auxerre, l'abbé Duru ne songea qu'à rendre le moins inutile possible le reste de sa vie. Il entrait dans sa cinquante-septième année. Imitant l'exemple du poëte Prudence qui, à cet âge, prit la résolution d'écrire uniquement sur des sujets religieux, il renonça à toute étude profane, abandonna tout travail purement scientifique, et ne voulut plus entreprendre que des travaux directement propres à l'édification des âmes et au bien de l'Eglise.

Il essaya, de concert avec M. Bravard, vicaire-général, d'organiser des Etudes historiques diocésaines. L'exécution de cette entreprise, déjà retardée par quelques dissentiments existant entre les deux collaborateurs, fut bientôt gravement compromise par l'élévation de M. Bravard à l'épiscopat. On parut même y renoncer. Mais, sur les conseils de M. Bonneville, doyen de la faculté d'Aix, le projet des Etudes historiques fut repris; et Mgr l'Archevêque, entrant pleinement dans les vues de M. Duru, le chargea de lui en adresser un rapport, en même temps qu'il l'instituait par une ordonnance en date du 4 novembre 1863, *historiographe du diocèse de Sens.*

M. l'abbé Duru se mit immédiatement à l'œuvre; et le 23 décembre suivant, il envoyait à Sa Grandeur son *Rapport sur les archives et l'histoire diocésaines.* Dans ce rapport, l'abbé Duru propose de réorganiser les archives et de composer l'histoire générale des églises de Sens et d'Auxerre; il indique les travaux à entreprendre et les moyens de les exécuter. Les prêtres et même les laïques sont appelés à contribuer, dans la mesure de leur pouvoir, à la construction de l'édifice tracé par les mains de l'historiographe. Un Bulletin doit renfermer et faire connaître aux lecteurs, tous les trois mois, les différentes productions des collaborateurs.

L'œuvre était parfaitement conçue.

Mais elle avait besoin, pour réussir, d'être activement poursuivie. Malheureusement, elle fut menée avec une lenteur désespérante; et M. Duru, malgré tous ses efforts, n'avait encore pu obtenir que l'impression de trois numéros du Bulletin lorsqu'il eut le malheur de perdre la vue et la santé.

L'état de ses yeux depuis quelques années devenait de plus en plus mauvais. Cependant il pouvait encore se conduire à travers les rues d'Auxerre ; se livrer, avec l'aide de son secrétaire, à ses études favorites; célébrer la sainte messe et réciter dans un bréviaire imprimé en gros caractères, l'office du jour d'abord, et plus tard l'office de la Sainte Vierge.

Mais un jour d'hiver, il éprouva au-dessus de l'œil gauche une douleur vive et inaccoutumée, et s'aperçut au bout de quelques heures qu'il ne voyait plus de cet œil. Une paralysie subite du nerf optique, compliquant une cataracte naissante, était survenue tout à coup. Trois semaines après, la douleur s'étendit au-dessus de l'œil droit. C'était le 25 janvier. Le lendemain matin, lorsqu'on entra dans la chambre du patient, sa première réflexion fut de demander pourquoi l'on entrait sans lumière. Il y avait une lampe allumée, et il ne la voyait pas : son second œil était paralysé.

Quelque pénible que fût le sacrifice, l'abbé Duru n'hésita pas à l'accepter. « Mon Dieu, s'écria-t-il, vous le savez, je n'ai jamais voulu que votre sainte volonté. Qu'elle soit faite en ceci comme en tout le reste. »

Cette épreuve ne devait pas être la seule.

Le lendemain même du jour où se firent sentir les premières douleurs qui précédèrent sa cécité, il fut pris de grands vomissements. Son estomac déjà débile repoussa toute espèce de nourriture. Le médecin put croire d'abord à une affection nerveuse, pure et simple; mais bientôt tous les symptômes d'une gastro-entérite se déclarèrent. Une fièvre incessante le rongeait; son teint devint jaune; on le voyait maigrir de jour en jour : son état inspirait les plus sérieuses inquiétudes.

Lui seul était plein de sécurité. Il trouvait en dehors de lui les causes de tout ce qu'il éprouvait. Si les aliments lui semblaient amers, on ne devait pas, disait-il, l'attribuer à son estomac, mais l'imputer à la cuisinière. S'il ne pouvait manger, c'était faute d'exercice, et s'il ne pouvait prendre d'exercice, c'était faute de manger. Et puis, les beaux jours n'allaient-ils pas revenir!

Les beaux jours revinrent; mais sans lui rendre la santé non plus que la vue.

Tandis que soutenu par le faux espoir de jouir de la lumière, il se faisait instiller dans les yeux, soir et matin, l'huile phosphorée du Dr Tavignot, la maladie suivait son funeste cours, le mal prenait les proportions les plus graves.

Néanmoins sa confiance, loin de diminuer, paraissait augmenter. Ses jambes défaillantes pouvaient à peine le soutenir, et il croyait recouvrer ses forces. Ses joues se creusaient de plus en plus, et il les sentait se remplir. On le voyait chaque jour prendre moins de nourriture, et il s'imaginait n'avoir pas eu depuis longtemps autant d'appétit. Sous ce dernier rapport, à la vérité, l'erreur pour lui était facile. Pendant le repas, on enlevait une partie des aliments servis; et, à la fin, il était agréablement surpris d'avoir tout mangé. Mais, cette petite supercherie de son commensal mise à part, jamais malade ne s'est plus étrangement abusé.

Et cette illusion ne dura pas seulement quelques mois; il la nourrit jusqu'à la fin. On lui avait dit que M. Bernard, doyen de Saint-Eusèbe, atteint également d'une maladie mortelle, ne songeait pas à prendre ses dispositions testamentaires. « Est-ce malheureux? répétait-il souvent, la mort viendra le surprendre. » Et chose singulière, lui-même se trouvait dans le même cas. Bien plus, il avait cent fois exprimé l'intention de modifier son testament et demandé qu'on l'avertît de sa fin prochaine : lorsque son confesseur crut devoir répondre à ce désir sacré, il ne voulut point l'entendre. Dans la semaine même de sa mort, Mgr l'Archevêque daigna venir le voir; tant que dura l'honorable visite, le malade entretint Sa Grandeur de projets d'études.

Il ne soupçonna son état que le quatre août au soir. Sa respiration était devenue tout à coup plus difficile. Près de lui, se tenait un jeune prêtre qu'il avait tiré de son village dans le temps de son affliction à l'École normale; sur qui il avait reporté tous ses soins, toute sa sollicitude, toute sa tendresse; qu'il avait bien voulu adopter en quelque sorte pour son fils, abriter sous son toit, nourrir à sa table, faire le confident de ses pensées, appeler son œil, son bâton de vieillesse ; et entre les bras de qui il avait témoigné le désir de rendre le dernier soupir. C'est celui qui, par un besoin de son cœur à jamais reconnaissant, raconte l'édifiante vie de son bienfaiteur, et trace, les larmes aux yeux, ces tristes lignes.

M. Duru lui dit tout à coup : « Je suis bien malade, n'est-ce pas ? ne me cachez pas, mon fils, la vérité. » Il ne restait plus d'espoir. La vérité, quelque pénible quelle fût à dire et à entendre, fut dite avec franchise et entendue avec la résignation du chrétien et du prêtre.

L'abbé Duru fit sur le champ son sacrifice, demanda à recevoir des mains de son cher abbé, les sacrements de l'Eucharistie et de l'Extrême-Onction, et lui exprima ses dernières volontés.

La nuit qui suivit fut plus mauvaise que toutes les précédentes. Dès le lendemain matin, le fils apporta à son père le

Saint-Viatique. Près du lit du moribond, se tenaient agenouillés la plus jeune de ses sœurs, morte depuis, et ses deux fidèles et dévoués domestiques. M. Duru les pria d'oublier devant Dieu ses torts à leur égard. Il demanda pardon, en la personne du prêtre qui l'assistait, à tout le clergé du diocèse et particulièrement aux ecclésiastiques d'Auxerre, « du peu d'édification, disait-il, qu'il leur avait donné, du scandale qu'il leur avait causé par ses négligences, ses défauts, la frivolité de ses écrits et l'inutilité de sa vie. » Puis, pendant que les larmes coulaient de tous les yeux, il reçut les derniers sacrements que lui administra son cher abbé d'une main tremblante. On l'entendit répondre lui-même, d'une voix calme, aux prières du rituel. Mais, se trouvant fatigué et ne croyant pas sa fin prochaine, il ne voulut pas recevoir l'Indulgence plénière.

Cependant, sa respiration devenait de de plus en plus difficile et douloureuse.

Pour la première fois depuis le commencement de sa maladie, c'est-à-dire depuis six mois entiers, la souffrance lui arracha des plaintes. « Que je souffre, s'écria-t-il, que je souffre ! Si l'on ne m'ouvre la poitrine, je vais étouffer ; allez donc chercher le médecin. » M. Paradis et un docteur de l'Asile des aliénés accoururent. Il n'y avait plus de remède à prescrire, ni même de soulagement à donner. L'intestin s'était subitement perforé. Le malade alors comprit qu'il allait mourir, demanda son crucifix, et l'eut à peine baisé qu'il s'évanouit. On prononça sur lui la formule de la bénédiction apostolique, et les prières des agonisants commencèrent. Mais il reprit bientôt ses sens, demanda, pour pouvoir suivre les prières, qu'on les récitât plus haut et plus lentement, et parut s'assoupir. Puis, on le vit de temps en temps presser contre sa poitrine son crucifix qu'il n'avait plus la force de porter à ses lèvres ; on l'entendit recommander une dernière fois son âme à Dieu et à la Sainte Vierge; il perdit connaissance, laissa incliner sa tête entre les bras de son fils d'adoption, et expira. Il était environ quatre heures du soir.

La cérémonie funèbre fut fixée au surlendemain samedi. Il avait demandé à être enterré auprès des siens. Avant de transporter son corps à Villeneuve-le-Roi, on le conduisit à l'église Saint-Etienne d'Auxerre où fut célébré un service solennel. Deux cents pauvres, un cierge à la main, précédaient le convoi. Les quatre coins du poêle étaient tenus par M. l'abbé Millon, représentant à la fois le Petit-Séminaire d'Auxerre où l'abbé Duru avait professé et le corps des chanoines honoraires dont il faisait partie ; par M. l'abbé Roguier, aumônier de l'Ecole normale, où il était resté quinze ans ; par M. Quantin, vice-président de la Société des sciences dont il avait été un des membres fondateurs ; et par M. Poret, directeur-médecin de l'Asile des aliénés, qu'il desservit pendant trente ans. M. l'abbé Larfeuil, vicaire-général, délégué par Mgr l'Archevêque, chanta la messe. Après l'évangile, le R. P. Boyer, supérieur de la maison de Pontigny, monta en chaire et, en présence d'une assistance nombreuse, retraça les principaux traits de la vie si édifiante et si bien remplie du bon prêtre.

Immédiatement après la cérémonie, son corps fut transporté à Villeneuve. Là, l'attendaient avec le clergé un grand nombre de ses compatriotes et M. Prisset, accouru de Dijon pour rendre les derniers devoirs à son ancien ami. Un second service fut célébré pour le repos de son âme dans l'église où il avait reçu le baptême, fait sa première communion, chanté sa première messe, prié tant de fois. Puis on porta ses restes en terre.

Une pierre les couvre, elle porte cette inscription :

ICI

REPOSE LE CORPS DE

LOUIS-MAXIMILIEN DURU

CHANOINE HONORAIRE DU DIOCÈSE DE SENS,

NÉ A VILLENEUVE-LE-ROI,

LE 23 MARS 1804,

MORT A AUXERRE LE 5 AOUT 1869.

> Scio quod in novissimo die
> de terra surrecturus sum.
> JOB, cap. XIX, v. 25.

CHAPITRE X.

CHAPITRE X.

Portrait de l'abbé Duru.

§ 1er.

Son portrait physique. — Ses qualités.

Louis-Maximilien Duru avait la taille élevée, le front haut et large, les yeux enfoncés sous d'épais sourcils, la figure allongée, le teint pâle, la démarche grave, le port digne, peut-être fier. Les sens, chez lui, étaient d'une grande finesse, à l'exception toutefois de la vue. Né avec une héméralopie, M. Duru ne put jamais jouir de l'admirable spectacle qu'offre le ciel par une belle nuit d'été.

C'est ce qu'il a lui-même exprimé dans ces vers mélancoliques :

« Vous avez plaint souvent et Milton et Delille
D'avoir dans leurs vieux jours perdu l'aspect des cieux.
Plaignez-moi ! je suis jeune, et pour mes faibles yeux,
Jamais la sombre nuit n'a parsemé ses voiles
De ces nombreux soleils qu'on nomme les étoiles. »

M. Duru était en outre d'une constitution excessivement délicate. En venant au monde, il avait à peine un souffle de vie ; enfant, il dut être entouré des plus tendres soins ; adolescent, il commença à ressentir de fortes palpitations qui lui durèrent pendant de longues années. Encore les médecins firent-ils tout pour aggraver son mal, le condamnant à une abstinence continuelle, lui prescrivant pour unique régime des raisins et du lait, et le saignant deux ou trois fois par mois. On craignit longtemps et sérieusement pour ses jours. Mais grâce aux soins du Dr Lallier, il échappa à une mort probable et guérit. Enfin, il eut jusqu'à quarante ans, les traits du visage très-amaigris ; ce qui, avec son air naturellement austère, ne prévenait pas tous les yeux en sa faveur. Pendant qu'il prononçait un discours de distribution de prix, au collége de Joigny, une dame s'agitait, s'impatientait, trépignait, s'exclamait. Un monsieur assis à côté d'elle se hasarda à lui demander ce qu'elle avait. « J'ai, répondit-elle, que je suis énervée ; peut-on entendre parler un homme aussi laid? » Son interlocuteur répliqua : « Laid par le corps, je vous l'accorde, si vous y tenez ; mais non pas par l'âme qu'il a très-belle, très-belle, madame ; je puis en savoir quelque chose, cet abbé est mon frère. »

L'abbé Duru, en effet, malgré quelques défauts, réunissait les qualités d'une âme peu commune. Esprit pénétrant, net et actif; assez heureuse mémoire, sinon des mots, du moins des faits ; imagination brillante ; jugement sain : voilà sous le rapport des facultés intellectuelles. Désirs ardents, fermeté inébranlable : voilà du côté de la volonté.

Besoin impérieux d'aimer et d'être aimé, de posséder le cœur tout entier de ceux qu'il aimait, comme de leur donner le sien tout entier : voilà pour le cœur.

Cet heureux fonds promettait, et produisit en réalité, des fruits abondants.

L'abbé Duru écrivait d'une manière facile, nette et ferme. Ses conversations, sans être très-piquantes, étaient pleines de charme, grâce à ses connaissances variées et à son tact exquis. C'est le témoignage de M. Girard de Cailleux : « Je ne puis résister au plaisir de vous écrire, à défaut de celui de perégriner avec vous dans les rues tortueuses de votre bonne ville, et de me livrer à ces causeries que votre savoir et la finesse de votre esprit rendent toujours attrayantes. » — « Depuis votre aimable visite, lui écrivait-on de Paris, j'ai encore plus vivement regretté la distance qui nous sépare et ces conversations si pleines de charme dont vous avez le secret. » Et l'on ajoutait : « Dans ces luttes si ardentes, on sent plus que jamais le besoin d'un ami qui, détaché des biens de la terre, vous soutient, vous encourage et vous montre le but. C'est vous dire combien vous me manquez. »

Ainsi que l'indiquent ces dernières paroles, l'abbé Duru était un homme d'un excellent conseil en même temps que d'une société agréable pour ses amis.

Il possédait un esprit très-observateur. « Quand je vois un homme pour la première fois, disait-il, mon esprit s'applique naturellement à lui. Rien ne m'échappe. Je le considère et je l'écoute attentivement ; je pèse ses paroles ; tout son être m'occupe, sa démarche, son air, ses gestes, son langage, sa voix, ses manières. » Or, si à cet esprit d'observation on ajoute l'expérience d'une vie pleine de luttes, on comprendra qu'il pouvait assez bien juger les personnes et les choses, et partant donner des conseils sûrs.

Malgré sa franchise et sa vivacité naturelles, malgré l'ardeur et l'impétuosité de ses désirs, sachant toutes les difficultés que rencontrent les affaires même les plus simples, il avait appris à taire ses projets, à n'avancer que lentement, et à attendre l'heure favorable. Il usait, quand l'exigeaient les circonstances, d'une prudence qu'eût traitée de faiblesse toute personne moins clairvoyante et moins expérimentée.

A cette rare prudence et à cette sage lenteur, nées l'une et l'autre d'une grande connaissance des hommes, il joignait une force de volonté extraordinaire, une volonté de fer.

Aussi ses entreprises promptement conçues et habilement menées, étaient-elles, en outre, poursuivies avec d'autant plus d'ardeur qu'il rencontrait plus de difficultés, avec d'autant plus d'opiniâtreté qu'on lui faisait plus d'opposition. Ses luttes en fournissent des preuves irrécusables. Peut-être même serait-il difficile de trouver une seule circonstance où il ait reculé devant les obstacles; et, n'était la profonde, l'extrême sensibilité de son cœur, on pourrait affirmer, sans craindre de se tromper, que la force de volonté fut la qualité dominante de son âme.

Mais, si l'abbé Duru voulait fortement, il aimait plus fortement encore. En se disant « susceptible d'une affection immense » il n'exagérait pas.

Il aimait d'une amitié ardente. « Vos lettres quelles qu'elles soient, longues ou courtes, tristes ou gaies, me sont précieuses et me vont à l'âme. Celle d'aujourd'hui encore plus que les autres ; mais elle est arrivée trop tard au gré de mes désirs : depuis longtemps déjà mon esprit s'envolait aux bords si chers que vous habitez momentanément; il s'attachait, se collait à toutes vos traces ; je parcourais de la pensée les lieux que vous visitez, j'écoutais vos paroles, je recueillais vos soupirs, j'interrogeais vos plus secrètes rêveries, je m'enfonçais dans votre cœur pour sentir et penser avec vous. »

Il aimait d'une amitié tendre. « ... On dirait que vous redoutez d'appuyer votre cœur malade sur le mien, que vous craignez de ne pas vous trouver à l'aise entre les bras de celui qui vous a toujours soigné comme la prunelle de son œil. Ah! sachez-le donc, il y a eu dans ma poitrine bien des émotions, dans mes yeux bien des larmes, dans mon esprit bien des rêves, dans mon cœur bien des affections touchantes et bien des épines cruelles. Que vous faudrait-il donc de plus? Vous pouvez être sûr de trouver toujours dans mon cœur un écho qui vous renverra des consolations entées sur la douleur et sur la peine. »

Il aimait d'une amitié compatissante. « Un merveilleux effet des peines, écrivait-il à une âme affligée, c'est qu'en nous détachant des hommes et des choses caduques, pour ne nous lier qu'à

Dieu, elles dilatent au fond de nous-mêmes une tendresse immense pour nos semblables. Cela est parce que Dieu, en qui nous nous perdons alors, est essentiellement amour. » Or, lui aussi avait connu les peines. De là un nouveau degré de sensibilité dans son cœur déjà si sensible; de là, chez lui, l'impérieux et doux besoin de compâtir aux peines d'autrui. Aussi, entendez-le s'écrier avec S. Paul : « *Quis infirmatur et ego non infirmor? Quis uritur et ego non uror?* J'ai toujours été l'ami de ceux qui souffrent, et jamais personne n'a gémi à la porte de mon cœur sans reconnaître que bientôt le retentissement de sa douleur s'y était fait entendre. »

Il aimait d'une amitié constante, en dépit souvent de l'oubli et de l'ingratitude. Pendant son séjour à Joigny, il s'était attaché à un jeune militaire dont il forma, avec un soin tout paternel, l'esprit à la science et le cœur à la vertu. N'en recevant plus de lettres, il lui adressa ce reproche : « Vous m'avez sans doute oublié; mais votre souvenir vit au fond de mon cœur. Il n'en est pas des amitiés que forme la religion, comme de celles qui n'ont pour fondement que des motifs purement humains : celles-ci avec le temps s'usent et s'éteignent; celles-là durent comme la lampe qui brûle éternellement dans nos sanctuaires; et celle surtout qui vous a rendu si cher à mon cœur a jeté des racines tellement profondes que de mon côté elle ne finira point. »

Il aimait enfin d'une amitié sainte. Sans doute à ces flots, pour ainsi dire, si vastes et si profonds d'affection, il dut se mêler quelques eaux moins pures. C'est là ce qui distingue l'homme de l'ange, mais aussi, ce qui fait avec l'objet de ses combats, celui de son mérite et de sa gloire.

M. Duru l'avoua lui-même : « Ah! qu'il y a peu de cœurs véritablement attachés à Dieu seul! Ne trouvons-nous pas en nous des faiblesses et des liens de la terre? Et quoique nous soyons unis par un même désir de la vertu et de la sainte charité, notre dilection n'a-t-elle pas son côté sensuel? »

Mais, abstraction faite de cette imperfection inhérente à notre nature déchue, son affection était toute pure. Ecoutons-le, il va sur ce point nous révéler son âme. « Dieu a tellement fait le cœur de l'homme qu'il faut qu'il aime les créatures; et de là, ce combat que j'ai ressenti toute ma vie : aimer et commander à l'amour; aimer et étouffer l'amour ! Aimer par Dieu et éteindre tout sentiment qui éloignerait de lui ! Oui, mon Dieu, je ne veux aimer que vous, et vous le savez, mon cœur si tendre est prêt à tous les sacrifices que vous pourriez lui demander à la vie et à la mort, dans le temps et dans l'éternité; c'est vous, vous seul qui m'attirez, qui me consumez. »

Et de même que l'abbé Duru voulait n'aimer qu'en Dieu, de même il voulait n'être aimé qu'en Dieu seul. Un de ses enfants spirituels lui ayant exprimé la crainte naïve que, perdus dans l'amour de Dieu, ils ne s'aimassent plus au Ciel, le tendre et vertueux père répondit : « Bien aimé fils en Notre Seigneur,...... oui dans le Ciel nous nous aimerons, car Dieu sera notre lien et il est tout amour. Enivrés de sa beauté souveraine, nous aimerons de plus en plus sans fin et sans mesure. Mais nous serons unis de cette dilection ; et cette union sera si intime et si délicieuse qu'elle n'a point de terme de comparaison dans les attachements de la terre. Oh! mon fils, ne vous inquiétez donc pas si vous m'aimerez au Ciel ; et ne m'aimez sur la terre que pour aimer davantage avec moi celui dont le nom est doux comme l'essence de l'olive : *Oleum effusum nomen ejus*.

«....... Vous avez un cœur tendre, mon enfant, un de ces cœurs qui savent se fondre d'amour ; mais que sont les créatures pour le besoin qui vous dévore?

Seriez-vous heureux de vous éprendre d'un peu de boue? Sans doute une créature qui vous chérit touche doucement le cœur; il y a là quelque chose d'une suavité inexprimable ; pourquoi? parce que le cœur de l'homme est tout amour : son principe est l'amour et sa fin est l'amour. Mais quelque aimable qu'elle soit, aucune créature peut-elle doter d'assez de tendresse un cœur vaste et immense comme le nôtre? Les hommes qui ont le plus aimé sur la terre n'ont trouvé que vide et mensonge dans les attachements d'ici-bas. Et puis, que durent les créatures? *Hodiè homo est et cràs non comparet* Ah! je m'attacherais pour une heure! je m'attacherais à un peu de boue artistement façonnée! mon Dieu, mon Dieu, j'aime trop pour cela! Il faut que l'objet que j'aime ne me soit jamais ravi; il faut qu'il soit sans mesure; il faut que je puisse me plonger, m'abîmer, me perdre en lui. Et quel est-il cet objet sinon vous? ô mon Dieu! »

Citons encore le passage suivant d'une de ses lettres à un jeune homme qui lui demandait une place dans son cœur :

« Certes, oui, j'y consens, appuyez-vous sur mon cœur et vous le sentirez battre d'un amour que la voix de l'homme ne sait pas rendre; mais j'y consens n'est pas dire assez; je le veux, puisque souvent je pense à vous dans les mystérieuses et sacrées communications de l'Eucharistie. Sera-ce bien? Encore trop peu. Entrez avant dans ce cœur où vous êtes enfoncé presque sans vous en douter. Vous y trouverez ce que vous y cherchez parce que mon cœur n'est plus à moi, mais à mon Dieu. Ce sera Dieu que vous y rencontrerez et non pas moi, un misérable, un homme de péché, une étincelle à demi-éteinte. »

Voilà comment l'abbé Duru savait aimer et voulait être aimé : par Dieu, en Dieu et pour Dieu. Dieu seul était le principe, la règle et la fin de ses affections.

§ II.

Vertus de l'abbé Duru.

« La première vertu d'une âme chrétienne, dit S. Augustin, c'est l'humilité. » L'abbé Duru était-il humble? Oui et non. Non par nature; oui par grâce. Les éloges le chatouillaient agréablement; et cependant il ne voulait pas les supporter. Au premier abord, les distinctions honorifiques lui souriaient; plus d'une fois même, il se surprit à les désirer secrètement; mais, il en avait bien vite compris toute la vanité et ne consentit jamais, pour les obtenir, à entreprendre la moindre démarche. Il étouffait à leur naissance tous les sentiments de vanité auxquels son cœur n'était point inaccessible, non plus hélas! que celui des autres hommes. Eprouvait-il des sujets d'humiliation? quelque profondément blessé que fût son amour-propre, il savait parfaitement se résigner ; obtenait-il au contraire des succès ? il en rapportait à Dieu toute la gloire. Des notes écrites de sa main, après un de ses discours de distribution de prix au Petit-Séminaire d'Auxerre, en font foi :

« Je viens de débiter mon discours sur la *Retraite*. Avant de le faire et avant d'aller le dire, j'ai demandé à Dieu sa gloire et non la mienne. En rentrant je sens mon orgueil blessé, parce qu'il me semble qu'il y a dans ce discours des raisonnements et des vues qui manquent de justesse. Mais j'ai le bonheur de correspondre à la grâce et de me soumettre au bon vouloir de Dieu.

« Mais, mille applaudissements. On s'imagine que j'ai fait merveille. *Non nobis, Domine, non nobis, sed nomini tuo da gloriam*. Je suis joyeux ; mais vous savez mon secret ; je ne veux la renommée et le crédit que pour exercer plus d'influence sur le cœur de vos enfants et les amener à vous. Tout le reste, je n'en ai que faire. Vous seul, vous seul, ô mon Dieu ! »

Ce désir sincère d'agir en tout pour la gloire de Dieu seul, le faisait souvent gémir sur les tentations d'orgueil qu'avec sa nature altière, il n'était pas sans éprouver : il s'accusait d'être orgueilleux. Mais selon le jugement porté sur lui par M. Flagel, il l'était d'autant moins qu'il craignait plus de l'être. « Monsieur Duru, disait le digne supérieur, est bien toujours monsieur Duru. Des jérémiades toujours et toujours des jérémiades. Que vous me faites rire ! à vous en croire sur parole vous seriez ce que vous n'êtes pas, *quod repugnat*. Plus vous vous dites orgueilleux et plus je vous crois humble. »

De cette vertu d'humilité devaient naturellement en découler d'autres. « L'humilité, a écrit encore S. Augustin, est le principe et la sauvegarde de la pureté, de la mansuétude, de la foi et de la charité. » M. l'abbé Duru donna l'exemple de toutes ces vertus.

Telles furent toujours sa vigilance, sa modestie, sa retenue dans son langage et dans ses lettres, sa prudence dans sa conduite tout entière, qu'elles ne permirent point, même aux plus mal intentionnés, d'accuser ni de suspecter ses mœurs.

Victime souvent de l'injustice et de la calomnie, il ressentit dans son cœur de la peine, mais jamais de haine. Repoussant énergiquement toute accusation capable de compromettre son ministère, il ne cherchait nullement à se justifier de celles qui n'atteignaient que sa personne, et n'en prenait même pas souci. La pensée de se voir injustement en butte aux attaques des hommes, loin de le troubler, lui était une sorte de consolation. C'est du moins ce qu'il exprima lui-même à l'occasion de sa petite persécution au Collége de Joigny : « Si j'avais l'esprit de chicane, j'aurais peut-être donné de la tablature à mes ennemis ; mais je suis un homme pacifique, aimant à pardonner les injures qui me sont faites, incapable de haïr, et à juste titre, méprisant un peu l'espèce humaine. Je vous l'ai déjà dit, il y a au fond de ma tribulation quelque chose de délicieux ; car l'on ne m'a tourmenté que parce que je suis un honnête homme. »

L'abbé Duru était plus qu'un honnête homme ; il était, dans toute l'acception du mot, un homme de foi. Rejetant, ou du moins n'admettant qu'après l'examen le plus sérieux, et encore avec une très-grande défiance, les nouveaux faits, apparitions, révélations et guérisons, regardés par le public comme miraculeux, il demeura toujours attaché à l'enseignement de l'Eglise et du Pape. Il lisait la Sainte Ecriture à genoux, et reprenait fortement quiconque se permettait d'en faire une application profane. A ce respect pour la Sainte Ecriture, respect produit évidemment par la vivacité de sa foi, s'en ajoutait un autre non moins profond pour tout ce qui regarde le culte de Dieu. Il voulait une grande décence dans l'église, de la pompe dans les cérémonies, une douce gravité dans la célébration des saints mystères, surtout une aimable dignité dans toute la personne du prêtre. Voici touchant ce dernier point, ce qu'il écrivit à un élève du Grand-Séminaire : « Vous devez exhaler, mon enfant, la bonne odeur de Jésus-Christ. Faites donc briller en vous la modestie, le recueillement, la gravité, la douceur, la prévenance. Mais soyez modeste sans timidité, recueilli sans sévérité, grave sans grimace, doux sans faiblesse, prévenant sans bassesse..... On doit trouver dans un ecclésiastique un mélange de dignité et d'amabilité qui gagne toujours le respect et l'estime. »

Ce type du bon prêtre, l'abbé Duru ne savait pas seulement le tracer par sa plume, il le représentait dans sa conduite. Au fond de son cabinet comme à l'église, dans l'intimité comme en public, dans ses conversations comme dans ses sermons, c'était toujours la même tenue, la même gravité, le même langage; c'était toujours le prêtre.

Il concevait du prêtre une si haute idée que ses livrées mêmes furent pour lui l'objet d'un inaltérable respect. Jusqu'à sa mort, il ne mit jamais sa soutane sans la baiser; pratique qu'il conseillait à tous ses enfants du sanctuaire.

En vertu des mêmes principes de foi, il aurait désiré voir les ecclésiastiques assister toujours aux offices en habits de chœur. De plus, il pensait qu'ils doivent tenir à honneur et regarder comme un devoir d'occuper, dans toute cérémonie religieuse, le rang qui leur est assigné par leur titre hiérarchique, et de n'y jamais céder le pas aux simples laïques. Pour lui il ne manquait pas à cette règle de conduite. Pendant son séjour à Joigny, il lui arriva deux fois, en entrant au chœur, de trouver sa stalle occupée par M. le Sous-Préfet. Le clerc tonsuré n'hésita pas à prier M. le Sous-Préfet de vouloir bien descendre. Il se trouvait autorisé par l'exemple de Rollin, clerc tonsuré et recteur de l'Université. Dans les cérémonies universitaires le recteur, quoique clerc tonsuré, prétendait passer avant l'archevêque de Paris lui-même. Mais dans les cérémonies religieuses, le clerc tonsuré, quoique recteur et recteur des plus célèbres de l'Université, allait, vêtu de son surplis, se placer au dernier rang.

Pour vouloir imiter ce louable exemple dont il avait été témoin aux processions de la Fête-Dieu, à Paris, l'abbé Duru se fit dans plus d'une circonstance taxer d'originalité. Ce n'était point originalité ; c'était purement et simplement convenance et dignité ; c'était esprit de foi.

A une foi vive l'abbé Duru joignait un grand amour de Dieu ; amour puisé dans la fréquente méditation des souffrances du Sauveur, et surtout dans la Sainte-Eucharistie.

Tout jeune encore, il faisait ses délices de la Table Sainte, et trompant l'œil paternel, s'en approchait souvent en secret. Plus tard, il en chanta les bienfaits, les joies, les douceurs. Et sur la fin de sa vie, quand le mauvais état de ses yeux lui inspira la crainte de ne pouvoir bientôt plus se livrer à l'étude, il choisit cet adorable sacrement pour sujet de son dernier travail.

L'abbé Duru n'aimait pas moins tendrement la Sainte Vierge qu'il prit pour patronne à la confirmation, et dont il imposa le nom et donna la médaille à tous les enfants baptisés par lui.

Il aimait singulièrement aussi l'Eglise, sa mère, dans la foi de laquelle on l'entendit renouveler mille fois le serment de vivre et de mourir (*).

Enfin, il se montra toujours le fils

(*) V. Appendice § 6.

aveuglément obéissant et vivement affectueux du Souverain Pontife. Sa dernière disposition fut un témoignage de son filial dévouement au vicaire de Jésus-Christ. Sur le point de mourir, il laissa, pour les frais du concile, la somme de cinq cents francs, que Mgr l'Archevêque se chargea de présenter à Sa Sainteté Pie IX.

Ce qui vient d'être dit de l'amour de l'abbé Duru pour Dieu et pour l'Eglise, donne tout naturellement la mesure de sa charité envers le prochain et de son zèle pour le salut des âmes. Car, comment aimer Dieu et ne pas aimer le chef-d'œuvre de ses mains, le prix de son sang! Comment aimer l'Eglise et ne travailler pas à lui donner des enfants, à les conserver à sa tendresse, à les ramener dans son sein maternel!

Aussi, l'excellent prêtre pouvait-il dire avec vérité : « Je sais que les hommes ont besoin d'être aimés, et il y a pour eux dans mon cœur des trésors d'amour Usez donc de moi d'une manière absolue. J'ai promis à Dieu de devenir l'ami de tous ceux auxquels j'aurais le bonheur d'inspirer un peu de confiance, et de leur rendre le service que j'ai rarement trouvé pour moi-même : celui d'écouter leurs ennuis et d'essuyer leurs larmes, ou de leur offrir les miennes pour adoucir celles qu'ils ne pourraient s'empêcher de verser. » Cette promesse ne fut point vaine. Il savait trouver dans sa charité, avec tout le dévouement que réclament les besoins du prochain, les paroles les plus propres à consoler : « Si vous êtes le frère et si je suis le ministre de Jésus-Christ, que signifie cette crainte d'être importun en versant votre cœur dans le mien? Notre cher Maître se plaignait-il des épanchements de ses disciples? Ils étaient grossiers et ignorants, et il se complaisait à les former et à les instruire. Hélas! le copierai-je jamais autant que le doit un prêtre selon son cœur? »

Un vertueux et sensible jeune homme avait perdu son père. Il était inconsolable. « Si j'étais mort avec lui, s'écriait-il, dans l'excès de sa douleur ! Mais moi, pauvre enfant, je reste sans lui sur la terre ; je ne le consolerai pas par mes succès des peines que je lui ai coûtées ; je ne l'entendrai plus m'appeler de ce nom de fils qui est si doux au cœur ; et moi, je n'aurai plus personne que j'appellerai mon père ! »

Il n'en fallait pas tant pour émouvoir jusqu'au fond des entrailles M. l'abbé Duru. Celui-ci lui écrivit donc aussitôt les lignes suivantes : « Ah ! mon cher enfant, je sais ce que valent ces noms délicieux, et je m'attendris en vous les écrivant. Eh bien ! pleurons ! Mais votre cher père a fini de la mort des justes ; il sera encore votre père dans le ciel ; il verra vos succès ; il se réjouira de vos vertus ; il priera pour vous. Et puis, n'aviez-vous que ce père là ? Ne disiez-vous pas tous les jours : Notre père qui êtes dans les cieux? Notre père qui êtes dans les cieux! Ah! vous le prononcerez bien mieux à présent que vous avez là votre père éternel et votre père temporel. Enfin, mon pauvre enfant, vous ne serez point seul, parce que je vis. Je me souviens que celui que vous pleurez me remerciait, il y a peu de mois, de mon affection pour vous; il me parlait avec effusion et reconnaissance, comme s'il eut voulu me dire : Je mourrai bientôt ; mais mon fils aura encore quelqu'un qui l'aimera quand je n'y serai plus. Bon vieillard! Il a emporté peut-être cette pensée dans le ciel; et vous, mon cher enfant, vous reconnaîtrez sur la terre qu'il ne s'est point trompé; vous verrez qu'il y a encore pour vous de douces appellations à entendre et de tendres soins à recevoir. Consolez-vous donc mon fils : *Consalamini popule meus...* »

Peut-être aurait-il été moins capable d'un pareil dévouement et n'aurait-il pas trouvé des paroles si tendres et si consolantes pour toute sorte de personnes. L'attrait particulier qui le portait vers les jeunes gens doublait pour ainsi dire, quand il s'agissait d'eux, les ressources de son esprit et la sensibilité de son cœur. Il éprouvait la plus douce satisfaction à les entendre lui donner le nom de *Père*. « Ce titre, disait-il, me touche, m'émeut ; je me sens si bien la tendresse d'un père. »

Néanmoins, l'abbé Duru aimait toutes les âmes indistinctement ; il travaillait au bien de toutes ; et l'on sait avec quel zèle !

Ce zèle déjà grand, avant son sacerdoce, le fut depuis bien plus encore. Son cœur se dilata ; la grâce du sacrement le rendit, dans la poursuite des âmes, tout feu et tout ardeur (*).

Comme il était ingénieux à les convertir au Seigneur ! Il profitait habilement pour arriver à ses nobles fins, des

---

(*) V. Appendice § 1.

moindres circonstances, d'un bon sentiment qu'on manifestait, d'une idée qu'on exprimait, d'une parole qui tombait des lèvres.

Comme il savait les encourager et les soutenir dans les combats! « Parlons vite de votre âme. Il paraît que l'ennemi la harcèle furieusement. Eh bien! tout d'abord *Deo gratias!* Car c'est ainsi que Dieu en use avec ses favoris, avec des âmes qu'il veut élever à une haute et solide vertu. Il les enfonce dans le creuset de la tribulation; il les crucifie au dedans, au dehors, en tout sens; il leur ôte toute consolation et se plaît à les désoler pour jouir de leur force, de leur persévérance, de leur amour. Il ne vous traite pas encore ainsi; et pourtant il a mis sur vos épaules un bout de sa croix. Oh! que je vous aime moi-même dans ces rudes combats des sens; oui, quand je vous vois ainsi assailli et par le dehors et par le dedans, criant à Dieu miséricorde, mon cœur tressaille, car j'espère qu'à jamais vous vaincrez l'ennemi de votre âme bien-aimée. »

Et si, par malheur, ces pauvres âmes venaient à succomber, comme il souffrait de les voir ainsi asservies sous l'empire du démon, égarées dans les sentiers de l'erreur, enfoncées dans le bourbier du vice! « Hélas! âme bien-aimée, des larmes me sont venues aux yeux à la lecture de votre lettre. Je me suis rappelé cette brebis de la parabole du prophète Nathan. Son maître la chérissait comme sa fille, il lui prodiguait mille soins, il la faisait manger dans le creux de sa main; et puis, on la lui ravit, et le méchant qui l'avait arrachée à son bon maître l'égorgea cruellement. O mon Dieu, ma pauvre brebis et la vôtre, que moi j'aimais et choyais de toute mon âme, et que vous, vous enrichissiez de toutes vos bénédictions, le démon me l'a reprise! O mon Dieu, voudriez-vous bien encore l'aimer et courir avec moi la chercher pour la ramener au bercail! »

Et après avoir ainsi exhalé sa douleur, le bon pasteur se mettait à la poursuite de la brebis égarée et ne se donnait pas de repos qu'il ne l'eut atteinte. « Vous refusez ma main qui veut vous sauver ; apprenez qu'elle ne se retirera pas. Vous pouvez bien échapper, vous soustraire à ses efforts ; mais elle vous poursuivra aussi loin qu'elle pourra. »

Par un effet contraire de ce même zèle, autant les faiblesses et la perte des âmes l'affligeaient, autant leur persévérance ou leur conversion le comblaient de joie. « Votre lettre me dit tout ce qu'il fallait. Vive Dieu! mon fils, vous serez uniquement à lui, tendrement à lui. Amen ! » — « Je n'ai que quelques instants mais laissez-moi me réjouir au sujet de votre ami qui m'a écrit. Ah ! quel intérêt je lui porte ! La traversée a été périlleuse pour lui ; il a été près du naufrage ; mais le voici au port. Pauvre jeune homme ! il m'a vivement inquiété. Aujourd'hui je tressaille de joie. »

§ III.

Amour de l'abbé Duru pour la solitude. — Besoin qu'il a toujours ressenti d'un ami.

Un dernier côté sous lequel il reste à considérer l'abbé Duru, c'est son amour pour la solitude : disposition toute naturelle qu'on ne peut ranger parmi ses vertus, puisque c'était chez lui effet de caractère, et qui néanmoins, ayant exercé une grande influence sur sa vie, ne saurait être passée sous silence.

L'abbé Duru aimait la solitude.

Il eut toujours, sinon pour les hommes en particulier, aux bonnes intentions desquels il croyait trop facilement, du moins pour les hommes en général, du mépris et partant de l'éloignement. Qu'on ajoute à cela l'infirmité de ses yeux et ses nombreuses occupations, et l'on comprendra qu'il se soit fait une habitude et un besoin de la retraite.

Aussi, cette chère retraite, il ne la quittait jamais, excepté quand il avait à remplir, avec les fonctions de sa charge, les devoirs de l'amitié et de la bienséance. « Le monde ne s'occupe pas de moi, écrivait-il du Petit Séminaire, et je n'y perds point; car en revanche je l'ai oublié; et si je n'y possédais quelques amis, mes pensées seraient comme ma personne tout entière dans la solitude de ces vieux cloîtres dont je ne puis m'arracher, d'où je ne m'éloigne qu'avec mes jeunes lévites, et dont j'aime jusqu'à la poussière. La ville au milieu de laquelle j'habite ne me voit pas une fois tous les mois. Si cela continue, je pourrai dire bientôt avec S. Paul, premier ermite : Bâtit-on des villes? Quel est notre Empereur?... » Plus tard, quand il fut devenu aumônier de l'Ecole normale : « Je vais de chez moi à l'Ecole et à l'Hôpital-général, et de l'Ecole et de l'Hôpital chez moi. C'est à peine si j'en sais plus à Auxerre que Basile et Grégoire à Athènes Je vis dans une complète retraite, et il me prend quelquefois envie d'appeler ma rue le bourg de Nazianze... »

La retraite avait pour lui tant d'attraits, qu'une de ses lectures favorites était celle de la *Vie des Pères du désert*, et qu'il se prenait souvent à désirer le sort de ces saints ermites. « Bienheureux, s'écriait-il, ceux que le Seigneur a appelés aux solitudes. Heureux Basile ! Heureux Jérôme ! Heureux Eucher ! Que n'ai-je vos déserts, vos douces retraites ! Qui me couvrira de vos bois, ô sauvage Chalcis! ô délicieux Lérins! Dieu ne veut pas de moi dans l'oubli divin de ces séjours de paix ! »

Ce n'est pas qu'il manquât des qualités nécessaires pour plaire en société. Il ne se croyait « ni assez aimable, ni assez parleur, ni assez instruit, ni assez flexible. » A part ce dernier point qui pouvait être vrai, il n'en était rien. Tout au contraire, l'abbé Duru savait dire les choses les plus gracieuses et les plus intéressantes.

Il avait d'ailleurs pour principe et recommandait fréquemment à ses enfants spirituels de ne point repousser « le monde par un air froid et maussade; mais de l'attirer par la douceur afin de le porter plus facilement à Dieu ; de se faire aimer de lui, afin de lui mieux faire aimer la religion. »

Il montrait de plus, dans un cercle d'amis, beaucoup de gaieté et d'entrain. Jusqu'au dernier moment de sa vie, on l'entendit rire de ses misères et de ses infirmités mêmes. Le médecin lui avait recommandé d'éviter les commotions vives et des efforts de tout genre : de marcher lentement, parler peu, etc. « Ne faudrait-il pas, disait-il à ce propos, que je fusse comme un terme? Mais nous mettrons un peu d'eau dans le vin d'Esculape et nous espérons que tout ira bien. » Puis s'adressant à ses visiteurs, il ajoutait : « Un autre remède très-efficace auquel le docteur n'a pas pensé, ce serait que vous vinssiez souvent me voir. » Un jour qu'on lui présentait une chaufferette : « Que j'aurais bien plus besoin d'une chaufferette spirituelle pour réchauffer ma charité transie ! »

Cet enjouement, joint à une grande solidité d'esprit, devait évidemment rendre sa société agréable. On provoquait ses visites; on lui faisait les plus pressantes invitations. Mais rien ne pouvait l'arracher à sa solitude. Il écrivait un jour : « On m'invite en ville à dîner et à passer des soirées. Je refuse. Ai-je tort? Ne dois-je pas mener la vie commune aussi sévèrement au moins que les jeunes gens qui me sont confiés et qui n'ignorent pas mes sorties... » L'abbé Duru n'aurait pas eu ce dernier motif, le motif de l'exemple, à alléguer qu'il ne serait pas sorti davantage. Il se comparait à « une de ces petites fleurs des champs qu'il faut garder à l'abri des vents, couvertes des buissons épais ou des vieux arbres des bois. » — « L'éclat et l'agitation, ajoutait-il, ne conviennent pas à ma nature. » Et effectivement, il les fuyait autant que possible.

M. Boitelle, alors préfet de l'Yonne et devenu plus tard préfet de police à Paris, lui témoignait une grande estime, et désirait depuis longtemps l'avoir à sa table. Ayant à recevoir Mgr l'Archevêque, il profita de cette occasion pour l'inviter. Il se flattait de ne point essuyer de refus. Mais tout ce qu'il put obtenir fut une lettre par laquelle l'aumônier solitaire le priait de l'excuser. M. Boitelle, pour le gagner par de nouvelles instances, lui envoya leur ami commun, M. Hernoux, ingénieur en chef des ponts-et-chaussées. « Dites bien, recommanda-t-il à ce dernier, dites bien à M. Duru que je veux qu'il vienne et qu'on ne se mettra pas à table sans lui. » L'heure du dîner avait sonné; tous les convives étaient arrivés; l'abbé Duru seul manquait. M. le Préfet s'adressant alors au Commandant de gendarmerie : « Allez et amenez-moi l'abbé Duru ; l'ingénieur des ponts-et-chaussées va vous montrer le chemin. » Ce qui fut dit fut fait. On saisit littéralement le pauvre aumônier qui, devant la force, se rendit enfin... au dîner. La petite *fleur des champs* avait, pour la première fois peut-être, quitté sa chère solitude, son doux ombrage.

Allant peu en société, l'abbé Duru allait encore moins en voyage. Voyager eut plu à son esprit curieux et observateur ; mais il ne pouvait s'y décider. « Je voyage beaucoup de loin ; et puis, quand le temps est arrivé, mon amour pour la retraite commence d'abord à réclamer, ensuite il parle si fort que je ne sais plus le faire taire et qu'il devient le maître. Je le gronde pourtant et je lui représente qu'il est des personnes que j'aurais infiniment de plaisir à visiter ; il n'écoute rien. Souvent même il est cause que je commets des impolitesses.

L'année prochaine j'essaierai de secouer le joug. »

Mais ce joug il ne parvenait jamais à le secouer. C'est ainsi que promettant tous les ans d'aller voir au printemps suivant son vieil ami M. Prisset, à Dijon, il ne réalisa ce projet que quelques années seulement avant sa mort. C'est ainsi qu'il se faisait écrire par l'évêque de Troyes : « On a beau vous inviter, vous stimuler par l'appât d'un congrès, vous ne venez pas. » C'est ainsi qu'il ne connut jamais d'autre chemin que celui de Villeneuve, de Paris et de Montereau où se trouvait sa famille. Encore y allait-il rarement et lui tardait-il d'être de retour. Quand il rentrait dans sa maison, on eut dit un voyageur d'outre-mer, revoyant après mille dangers sa patrie.

Mais, autant l'abbé Duru fuyait le monde, autant il aimait les champs. Car il fallait bien un délassement à ses fatigues, une distraction à son esprit. Les champs, du reste, sont toujours la solitude. Nul spectacle n'était pour lui plus délicieux. Il y ressentait « un je ne sais quel plaisir qui lui prenait le cœur; » son imagination s'exaltait; et plus d'une fois, dans sa jeunesse, il lui est arrivé de tomber à genoux, succombant en quelque sorte sous le poids d'une religieuse admiration.

Les vers qui suivent donnent une idée des douces émotions qui le saisissaient alors :

« .....Nos pas, loin des murs de Joigny,
« Nous conduisaient dans les prés d'Epizy :
« A l'Orient, l'aurore aux doigts de roses,
« Nous annonçait le retour du soleil,
« Et sur les fleurs nouvellement écloses
« Elle glissait un reflet de vermeil.

. . . .

« Le ciel bientôt dans ses champs azurés
« Voyait Phébus verser ses flots dorés;
« Ils descendaient sur la triste bruyère;
« Ils couronnaient le sommet des coteaux.
« Magique aspect! Leurs gerbes de lumière,
« En sillons d'or, éclataient dans les flots.
« Le coq chantait. A ses brebis chéries
« La pastourelle ouvrait les bergeries.
« Tout paraissait respirer le bonheur.
« Nous bénissions la main du Créateur

« Qui dans les champs a semé les prodiges ;
« Du vert genêt nous arrachions les tiges,
« Nous admirions son pétale doré,
« Ou son pistil de filets entouré.
« Nous admirions la bryonne volage
« Sur l'aubépine égarant son feuillage ;
« Nous admirions... Chaque objet dans les champs
« Offre un spectacle où brille l'harmonie,
« Et la nature a cent concerts touchants
« Dont l'âme pure est saintement ravie.
« Sacrés plaisirs, ô chastes voluptés,
« Qu'on est heureux de vous avoir goûtés ! »

Bien des années plus tard, il exprimait encore les mêmes sentiments. Le temps n'avait en rien affaibli son amour des champs. « Oh ! s'écriait-il, oh ! que ceux qui aiment à contempler Dieu dans ses propres ouvrages trouvent de douces jouissances loin des hommes, dans la solitude éloquente des champs ! Je sais pour ma part qu'il y a là de véritables délices. »

Néanmoins ces jouissances, quelque délicieuses qu'elles fussent, ne pouvaient, à elles seules, satisfaire son âme si communicative et si aimante. Plus vives étaient ses impressions, plus impérieux devenait chez lui le besoin d'en faire part. Son cœur, en se dilatant, cherchait un cœur qui le comprît et qui battît à l'unisson du sien. L'isolement lui pesait : il lui fallait un ami enfin. « Sans ami, écrivait-il de Joigny, ces belles montagnes couvertes de vignes, ces prairies de Cézy où l'Yonne serpente, ces peupliers qui cachent l'Echère et le pied du Tholon, tous ces lieux charmants perdent pour moi la moitié de leur charme; et ils me seraient un paradis avec un ami : quand le trouverai-je ? » Il disait encore : « J'aime trop et je n'aime pas assez. Trop : ceux qui possèdent mon affection doivent me trouver exigeant. Pas assez : Je ne m'attache qu'à un petit nombre. Je hais le monde et je ne puis vivre seul. » Oui, le monde et l'isolement lui étaient également à charge. Aussi, rêva-t-il toute sa vie, non-seulement d'avoir des amis tels que M. Lallier, M. Prisset et M. Hernoux en qui il rencontra la finesse d'esprit, la dé--

licatesse de sentiments, la générosité de cœur qui le caractérisaient lui-même ; mais d'avoir, de plus, un inséparable compagnon de sa vie, quelqu'un qui demeurât sous son toit, mangeât à sa table, partageât ses travaux, suivît tous ses pas, s'identifiât avec lui ; un autre lui-même.

Cet autre lui-même, M. Duru a bien voulu dire qu'il l'avait rencontré dans celui qui lui ferma les yeux. Il l'honora de toute sa confiance, l'entoura de soins paternels, versa sur lui des trésors d'affection.

Pourquoi faut-il que la mort soit venue sitôt priver le fils des bienfaits de son père, et ravir au père les témoignages de reconnaissance trop imparfaits hélas ! de son fils.

Mais non, la mort ne détruit point l'union des cœurs ; et la séparation qu'elle opère n'est point éternelle ; car nous savons que l'âme vit et que nous ressusciterons au dernier jour.

CHAPITRE XI.

CHAPITRE XI.

Rapports de M. l'abbé Duru avec les hommes de lettres et les savants. — Ses travaux. — Ses collections.

Il est constant que l'amour de l'étude accompagne généralement l'amour de la retraite. Avoir montré M. l'abbé Duru recherchant toute sa vie la solitude, c'est donc avoir prouvé qu'il était studieux.

Et de fait, l'étude, en offrant un aliment à la rare activité de son esprit, une distraction à ses fréquentes mélancolies et une consolation aux peines de tout genre dont il fut abreuvé, était devenue chez lui un impérieux besoin, une véritable passion.

De là, ses rapports avec les savants,

ses nombreux travaux et ses collections diverses dont M. Quantin, conformément au vœu exprimé par la Société des sciences historiques et naturelles de l'Yonne, doit parler *ex professo*, dans une notice traitant spécialement le côté scientifique de la vie de M. l'abbé Duru ; mais dont cependant, pour l'intégrité du sujet, il est nécessaire ici de dire quelques mots.

« Un des doux fruits de l'étude, écrivait un jour l'abbé Duru à un capitaine, c'est de mettre en rapport des hommes qui ne se connaîtraient pas sans elle et que leur profession même semblerait éloigner les uns des autres. Qu'ont de commun en effet l'épée et le bréviaire ? Mais vous aimez les médailles ; je les aime également ; et la numismatique nous rapproche, nous lie, établit entre nous un charmant commerce. » Ce qu'il disait ici de ses études sur la numismatique, il aurait pu le dire de ses études littéraires, historiques et autres : elles lui valurent, tant dans le département qu'ailleurs, de nombreuses et honorables relations avec les savants.

Il ne voyageait cependant pas. Mais, en revanche, il entretenait de nombreuses correspondances, et savait d'ailleurs parfaitement attirer à lui. « Pour vous, disait-il, venez me voir; j'ai toujours une datte et un peu d'eau fraîche pour ceux qui frappent à mon humble porte et ne s'effraient pas de mon capuchon. » Et l'on venait frapper effectivement à son humble porte; et l'on trouvait sous le capuchon, à côté de l'homme de foi, l'homme d'esprit, de savoir et de bon ton.

Sans doute, on trouvait avant tout l'homme de foi. Il ne laissait jamais passer, sans la relever, la moindre parole qui choquât ses sentiments religieux. Il avait sous ce rapport la fibre extrêmement délicate; et toucher à l'enseignement de l'Eglise catholique était lui toucher à la prunelle de l'œil. Un fait entre autres. Un de ses savants visiteurs s'avisa de dire un jour que la religion est exposée à trébucher à chaque pas devant les découvertes de la science. La protestation ne se fit pas attendre : « Non, Monsieur, s'écria le prêtre blessé dans sa foi, non la religion n'est pas exposée à trébucher à chaque pas devant les découvertes de la science. C'est au contraire celle-ci qui s'égare toutes les fois qu'elle s'éloigne de l'autre qui est immuable comme Dieu dont elle est la parole. Votre langage anéantirait d'un mot la révélation divine, et je crois, sans qu'il soit ici besoin d'en établir les preuves, que cette vérité fondamentale du christianisme a eu de tout temps et a encore des défenseurs dont le témoignage vaut bien celui des géologues modernes. » Et ceci dit, tirant un volume de sa bibliothèque, il ajoutait : « Tenez, voilà pour vous convaincre. » C'était *Les Rapports de la religion révélée avec les découvertes de la science*, par Mgr Wisemann.

Et il défendait ainsi sa foi, non-seulement dans les conversations privées mais encore dans les réunions publiques, quels que fussent le mérite et le rang de ses contradicteurs.

Néanmoins cette franchise et cette fermeté toutes sacerdotales n'ôtaient rien à la courtoisie de ses procédés, ni au charme de son commerce. Entre autres témoignages qu'on pourrait citer, en voici un de M. Challe, président de la *Société des Sciences historiques et naturelles de l'Yonne*.

« La mémoire de M. l'abbé Duru, écrivait-il après la mort de ce dernier, nous était chère à plus d'un titre. C'était un des membres les plus savants et les plus laborieux de notre *Société des Sciences historiques et naturelles de l'Yonne*. C'était de plus un collègue plein de courtoisie avec lequel tous les rapports étaient des plus agréables. »

Ces qualités, en lui acquérant l'estime et l'affection des hommes studieux, lui ouvraient tout naturellement la porte des sociétés savantes. Plusieurs tinrent « à honneur de le mettre sur la liste de leurs membres. »

En dehors de la *Société des Sciences historiques et naturelles de l'Yonne* dont il fut un des membres fondateurs et dans laquelle il occupa le fauteuil de la vice-présidence, il était membre correspondant de l'*Institut religieux et littéraire d'Aix,* depuis 1839 ; de la *Commission des antiquités de la Côte-d'Or*, depuis 1845 ; de la *Société archéologique de Sens*, depuis 1846 ; de la *Société* établie pour la conservation et la description des monuments historiques de France, depuis 1850 ; de la *Société éduenne des lettres, sciences et arts,* et de la *Société de sphragistique de Paris*, depuis 1851 ; du *Ministère de l'Instruction publique,* depuis 1858 et de la *Société française de numismatique*, depuis 1867.

Il fut de plus membre de la Commission spéciale créée pour l'établissement des bibliothèques populaires cantonales ou communales ; membre du Comité d'inspection et d'achat de livres de la bibliothèque de la ville d'Auxerre, en remplacement de M. Gallois, appelé par ses nouvelles fonctions au Tribunal civil de la Seine; membre de la Commission de statistique permanente du canton d'Auxerre; inspecteur des pensionnats de filles tenus par des associations religieuses cloîtrées ou non cloîtrées dans le diocèse de Sens; membre de la Commission chargée d'examiner les candidats aux fonctions d'Inspecteur.

On sait enfin qu'il fut membre du Conseil académique d'abord, puis du Conseil départemental de l'Instruction publique ; et que S. G. l'Archevêque de Sens, Mgr Mellon-Joly, « pour utiliser sa grande science et sa laborieuse activité (*) » le nomma historiographe de son diocèse.

(*) Extrait de son article nécrologique publié par M. H. Monceaux, dans le Bulletin des sciences de l'Yonne.

M. l'abbé Duru, du reste, justifia ses titres scientifiques par les différents travaux qu'il publia, soit dans les recueils des sociétés dont il faisait partie, soit dans les journaux de la localité, soit dans des ouvrages imprimés à ses frais, soit enfin dans le Bulletin des archives diocésaines.

En voici la liste, par ordre de dates d'impression, avec l'appréciation des principaux d'entre eux : appréciation faite, non pas par l'humble auteur de cette vie, lequel ne se permettrait pas de porter ici le moindre jugement, mais par des hommes compétents dont il se bornera à citer les paroles.

IMPRIMÉS :

— PORTRAIT DE S. GRÉGOIRE DE NAZIANZE ET DE S. BASILE. Fragment d'un discours de distribution de prix prononcé au Petit-Séminaire d'Auxerre, dont le *Comité de l'Institut d'Aix* après en avoir entendu le lecture a désiré l'insertion dans ses Annales (*) et qui y parut effectivement, au tome III, page 425, en 1839.

— La Communion, poésie. Même recueil, tome VIII, page 192, en 1841.

— La Classe, poésie. Journal l'*Yonne*, 1843.

— Edgar, poésie. Journal l'*Yonne*, 1843.

— Mon Troupeau, poésie. Journal l'*Yonne*, 1843.

— Le Roi du feu, poésie. Journal l'*Yonne*, 1843.

— Le Torrent, poésie. Journal l'*Yonne*. 1843.

— Introduction a l'histoire des auteurs auxerrois. Extrait du *Bulletin de la Société des sciences de l'Yonne*, tome I, page 103, 1847.

— Mémoire sur les médailles romaines trouvées a Appoigny. Même recueil,

(*) Lettre de M. Bonneville, doyen de la Faculté d'Aix et membre de l'Institut de cette ville (26 mai 1839).

tome I, page 224 et tome II, page 57, 1847 et 1848.

— La Rosée, poésie, signée : un ermite. *Chronique de Sens,* 1848, p. 93.

— Mourir, poésie, signée : un ermite. *Chronique de Sens,* 1848, page 521.

— Le Passage de Dieu, poésie, signée : un ermite. *Chronique de Sens,* 1848, page 531.

— Mémoire pour servir a un travail général sur les trouvailles de médailles faites dans le département de l'Yonne, depuis les temps les plus reculés jusqu'a nos jours. *Bulletin de la Société des sciences de l'Yonne*, tome II, page 553, 1848.

— Rapport sur les médailles romaines trouvées a Migennes. Même recueil, tome II, page 387, 1848.

— Epitre a Deligand, 20 p. in-8º. Auxerre, Perriquet, 1850. On trouve à la suite de l'épître : Edgar, églogue; Mon troupeau, églogue; La classe, fragment d'une épître restée manuscrite; LE ROI DU FEU. Ces pièces avaient déjà paru dans le journal *l'Yonne*, sous le pseudonyme de DELOIR.

L'impression de L'ÉPITRE A DELIGAND, lue par M. Deligand à qui elle était adressée, dans une réunion de la *Société archéologique* de Sens; et par M. Challe à une séance de la *Société des sciences* d'Auxerre, a été demandée par les membres de l'une et de l'autre société (*).

— BIBLIOTHÈQUE HISTORIQUE DE L'YONNE, OU COLLECTION DE LÉGENDES, CHRONIQUES, DOCUMENTS DIVERS POUR SERVIR A L'HISTOIRE DES DIFFÉRENTES CONTRÉES QUI FORMENT LE DÉPARTEMENT. La publication de cet important travail imprimé au nom et aux frais de la *Société des sciences de l'Yonne*, mais conçu et dirigé par M. l'abbé Duru, aurait souffert, paraît-il, sinon quelques difficultés, du moins quelques retards. L'auteur témoignait de l'impa-

(*) Lettre de M. Deligand à l'auteur.

tience quand il reçut enfin de M. Challe la communication suivante :

« Monsieur et cher Collègue,

« J'ai prié M. Quantin de vous adresser une copie du procès-verbal de la séance qui a sanctionné la grande et noble entreprise que vous avez conçue et à laquelle la Société s'est trouvée heureuse et fière de s'associer.

« Je partage votre ardeur et votre impatience de voir cette belle œuvre sur le chantier. Rien ne doit plus la retarder, puisque le savant ouvrier est tout prêt et que les moyens d'exécution sont maintenant assurés.

« Dès que vous le jugerez convenable, nous convoquerons la Commission qui sur votre désir vous a été adjointe, afin qu'elle se constitue définitivement. Mais vous croirez sans doute à propos d'attendre pour cela que vous puissiez lui exposer vos vues arrêtées sur la composition du premier demi-volume, et peut-être lui présenter votre discours d'introduction. Au reste, elle est dès à présent à votre disposition, et pour mon compte, j'éprouve une sorte d'orgueil d'être compris, malgré mon insuffisance, dans la troupe de vos coadjuteurs. »

L'œuvre dont on vient de voir l'élogieuse appréciation, et que l'évêque de Troyes appela depuis *un travail de bénédictin* (*) était adoptée. Le savant ouvrier, comme voulaient bien l'appeler

(*) Lettre de l'évêque de Troyes à l'auteur (23 septembre 1863).

ses collègues, s'y mit avec l'ardeur qu'on lui connaît; et deux magnifiques volumes parurent chez M. Perriquet, le premier en 1851, et le second en 1863.

D'autres volumes devaient suivre et mettre entre les mains et à la portée de tous, d'intéressants documents sur notre histoire locale, que la plupart des travailleurs ne peuvent ni se procurer ni même déchiffrer. Mais on a reculé, paraît-il, devant les dépenses nécessaires ; et l'entreprise, *la grande et noble entreprise à laquelle la Société s'était trouvée heureuse et fière de s'associer* est restée inachevée. Le second volume n'est pas même complet : il y manque quatre planches de médailles gauloises de Sens et d'Avallon, que l'auteur, d'après une décision de la Société, avait cru pouvoir annoncer, et que l'on a renoncé depuis à faire exécuter, faute, les uns disent d'argent, d'autres, de bonne volonté.

— Discours historique et littéraire sur les écrivains de la ville d'Auxerre, jusqu'au XIIe siècle. 40 p. in-8º. 1851. *Bulletin de la Société des sciences*, 1re série, tome IV, p. 233.

— Notice sur le sceau de Madeleine d'Elber, abbesse de Gercy. *Annales de la Société de sphragistique*, tome III, pages 65-75, 1852.

— Tableau chronologique des médailles trouvées dans le département de l'Yonne. *Bulletin de la Société des sciences*, tome V, page 483.

— Fables nouvelles ou leçons d'un maitre a ses élèves. 2 volumes in-18, Auxerre, Perriquet 1855.

Dans sa réponse à la lettre par laquelle ses anciens élèves de l'Ecole normale sollicitaient de lui la publication de ses Fables, — lettre et réponse qui se trouvent au commencement du premier volume, — l'auteur a pris soin de dire : « Le livre dont vous voulez bien solliciter l'impression est d'un faible mérite littéraire. Ces petits contes, écrits rapidement et dans l'occasion où je les croyais nécessaires ou utiles pour le perfectionnement moral de mes élèves, perdront très-probablement au grand jour le peu de valeur qu'ils paraissent avoir dans la paisible obscurité de l'Ecole. Mais vous me demandez par leur publication un témoignage solennel de mon dévouement au corps des instituteurs primaires. Eh bien! messieurs et chers disciples, dût en souffrir ma petite réputation d'auteur, je vous l'accorde volontiers; car l'affection que je vous porte sera toujours en moi, grâce à Dieu, au-dessus de l'amour-propre. »

M. l'abbé Duru, en livrant à la publicité ses fables qu'il n'y avait pas destinées redoutait, on le voit, la critique. La critique, en effet, ne lui manqua pas, surtout de la part de ceux qui ne sauraient la craindre ou la provoquer par la raison toute simple qu'ils ne produisent rien. L'auteur de sa vie, désireux avant tout d'être impartial, regrette de n'avoir point par écrit le jugement de ces censeurs ; il l'insérerait ici tout au long, voire avec leurs noms. Mais il ne peut reproduire que les pièces qui sont entre ses mains. Or celles-ci renferment des éloges. Il est vrai qu'elles sont d'hommes ayant écrit, s'étant eux aussi fait imprimer ; et peut-être est-ce là une secrète raison de se montrer indulgent. Quoiqu'il en soit, il faut les citer : ce sont des lettres de M. Lallier, à qui personne ne contestera le goût littéraire ; de M. Challe et de M. Viennet. Nous ne parlerons pas des félicitations adressées au nouveau fabuliste par deux ministres de l'Instruction publique, Leurs Excellences M. Fortoul et M. Rouland.

« J'ai lu votre premier volume de fables, écrivit l'ancien Proviseur de lycée à son ami, avec beaucoup de plaisir et une sorte d'avidité, puisque je ne l'ai point quitté que tout n'ait été lu d'un bout à l'autre…. Je le répète, vos fables m'ont paru intéressantes, bien convenables à leur objet, utiles et propres à instruire et à corriger doucement. » Le même écrivait encore, lorsque le second volume eut paru : « J'ai lu vos nouvelles fables avec autant de plaisir que les premières. Si je ne vous réponds pas par de longues remarques, comme vous le désireriez, ce n'est pas seulement parce que j'ai les yeux fatigués et que l'écriture devient pour moi un exercice pénible, c'est que je n'ai rien vu d'essentiel ni d'important à vous représenter. C'est toujours la même facilité, la même finesse, la même élégance et surtout la même affection paternelle et toute dévouée pour vos disciples. »

Monsieur le Président de la *Société des sciences* y trouvait « style doux et facile, finesse, grâce, bonhomie, onction » et il voulut, avant leur publication, en lire quelques-unes à une séance publique de la Société, dont les membres s'empressèrent d'aller présenter à l'abbé Duru leurs vives félicitations (*).

Quant à M. Viennet, juge compétent en pareille matière, puisqu'il était lui-même fabuliste, il assure l'auteur que son recueil renferme « *bon nombre de fables remarquables.* »

Est-ce à dire que ces compositions soient parfaites et qu'elles doivent passer à la postérité ? Evidemment non. Ceux-là même qui en firent l'éloge, non plus que leur auteur, ne le pensaient pas. Mais, au jugement d'hommes de lettres, elles ne laissent pas d'avoir leur genre de mérite et « vivront du moins dans la mémoire des élèves qui les ont inspirées. (**) »

« Lorsqu'un élève paraissait en faute, lit-on dans le *Manuel général de l'instruction primaire* (***), le maître, au lieu de lui adresser une dure réprimande,

---

(*) 27 Juin 1855.
(**) Paroles de M. Challe.
(***) Compte-rendu d'ouvrages nouveaux, 9 février 1866.

écrivait pour lui sous forme d'apologue une douce leçon. Ainsi ont jailli toutes ces fables, du cœur d'un bon maître tendrement attaché à ses élèves et plein d'une sollicitude incessante pour leurs progrès dans l'étude et dans la vertu. Cette effusion des sentiments du bon professeur et du bon prêtre donne un charme tout particulier aux apologues dans lesquels l'auteur anime et encourage ses élèves. »

La même pensée est exprimée dans un autre compte-rendu présenté à la *Société des sciences* par M. Ribière, avocat et aujourd'hui préfet de la République dans le département de l'Yonne. On y lit :

« Le fabuliste a presque toujours subi l'influence du maître. De là, le caractère particulier de ce recueil qu'il importe de signaler. D'abord, des fables destinées à la jeunesse inclinent forcément leur auteur à la modération et à l'indulgence; la pensée en sera souvent empreinte d'affection, voire même de tendresse; leur but sera bien moins de flageller les ridicules et les travers de l'esprit, que de réprimer les écarts et les petits défauts du cœur; elles s'efforceront d'avertir plutôt que de châtier; elles seront toujours une morale et rarement une satire. Le cœur, et l'on peut s'en convaincre à chaque pas, est donc en même temps ce qui inspire et ce qui préoccupe l'écrivain. » Et un peu plus loin : « Ce qu'il aime, c'est la jeunesse et dans la jeunesse ses élèves de l'Ecole normale; c'est donc en leur intention qu'il écrit, et si dans le corps de la fable il est entraîné par l'imagination, il revient à eux dans la morale dont il leur fait une application presque individuelle. Aussi, le mérite de tous ces petits tableaux exposés à nos regards sera de nous offrir en dehors des couleurs tranchées qui dépeignent les généralités et les types, ces nuances délicates et habilement saisies qui distinguent les individus et les particuliers... »

Enfin, le judicieux critique termine par ces mots : « Ce livre n'a rien à craindre des Aristarque et des Zoïle dont nous parle l'épilogue. Inspiré par le dévouement, dicté par une imagination fertile, il est sous cette double égide à l'abri de leurs atteintes. »

— Eugène ou plan de vie d'un instituteur chrétien. 1 vol. in-18º; Auxerre, Perriquet, 1856. Entre autres éloges nombreux que valut à M. l'abbé Duru la publication d'Eugène et auxquels ses ennemis mêmes ont souscrit, en voici un, que la *Constitution* dans un compte-rendu de l'ouvrage donna le 30 décembre 1856, sous la signature V. de Cercennes. «..... Pour compléter son œuvre de chaque jour, ce digne, j'allais dire ce savant ecclésiastique vient de publier sous forme de dialogue un petit volume dédié à ses disciples bien aimés; il y résume les conseils de sage conduite qu'il leur a donnés dans ses leçons. Son but est de continuer d'instruire, de diriger et d'affermir dans la pratique de tous leurs devoirs, ceux qui déjà sortis de l'Ecole, se trouvent exposés au danger du relâchement et aux séductions du jeune âge. Nous n'hésitons pas à prédire à M. l'abbé Duru le succès qu'il ambitionne, celui de faire beaucoup de bien à un grand nombre de jeunes instituteurs....... En venant à eux, M. Duru a fait plus qu'un bon livre, il a fait une bonne action. Quoiqu'il songe peu aux satisfactions de l'esprit, je dois dire que son Eugène n'est pas moins bien écrit que bien pensé ; la pureté de style y répond à celle du sentiment....... »

L'auteur de cet article fait pourtant une petite réserve. Il trouve « qu'imposer aux instituteurs pour règle absolue de conduite cette maxime : *Ma république à moi, mon royaume, mon empire c'est mon école*, serait en vérité méconnaître les élans spontanés du plus légitime patriotisme. Selon d'autres, l'Eugène de M. Duru serait trop parfait, trop *saint :* critique qui pourrait bien être juste jusqu'à un certain point.

— Cours synoptique de morale. 2e édition, in-18, Perriquet, 1857. La première édition avait été publiée en une grande carte in-f° sous le titre de Tableau synoptique de morale.

— La première élégie des tristes d'Ovide. Livre i, journal la *Constitution*, 1857.

— Le jour des cendres, feuilleton du journal *l'Yonne*, du 25 février 1857, sous le pseudonyme L. de Clomaille.

— La troisième élégie des tristes d'Ovide. Livre i, journal *l'Yonne*.

— Enigmes de Symposius, *traduites en vers français*. In-18, Auxerre, Gallot, 1857. Ce travail, paraît-il, n'aurait guère d'autre mérite que celui d'être curieux, d'autre utilité que celle de tirer de l'oubli où il était plongé pour beaucoup de lecteurs, le nom de Symposius.

— Archives ecclésiastiques du diocèse. Rapport fait par son ordre a Mgr l'Archevêque de Sens, sur l'étude de l'histoire et la réorganisation des archives des églises de Sens et d'Auxerre. In-8º de 40 pages. Sens, Duchemin, 1864.

La publication de ce rapport valut à M. l'abbé Duru de nombreuses lettres de félicitations. Citons celles des Evêques de Troyes et de Coutances.

Mgr Ravinet : « Je viens de lire votre Rapport. C'est tout une œuvre et une très-bonne œuvre. Idée féconde, exposée avec une lucidité parfaite, au service de laquelle vous mettez des connaissances variées et profondes qui en rendent l'exécution attrayante et facile.

« Je félicite Mgr l'Archevêque de vous avoir confié une tâche aussi belle et qui intéressera puissamment tout son clergé à son exécution.

« Il aura des imitateurs, pourvu que l'on sache trouver ou créer des hommes dévoués et capables de prendre en main une œuvre de ce genre.

« Vous avez raison de compter sur l'aide de Dieu. L'esprit dans lequel vous abordez ce travail est celui qu'il bénit : courage, modestie, estime et affection pour vos confrères. »

Mgr Bravard : « La manière magistrale dont vous envisagez les travaux de l'histoire et des archives de votre diocèse me cause une joie si grande que je ne puis résister au désir de vous en complimenter.

« Vous êtes de la patrie de Lebeuf : on le voit facilement à vos idées si larges, si sérieuses et si fécondes.

« Vos publications antérieures vous avaient fait prendre une place très-distinguée parmi les gens de lettres. Ce que vous entreprenez maintenant vous mettra au premier rang.

« Que de bien vous ferez si on ne vous délaisse pas !

« Votre exemple sera suivi par d'autres diocèses. Je voudrais qu'on vous imitât surtout dans ces lieux perdus pour la foi, où l'irréligion triomphe et où le prêtre ne peut avoir de place qu'à la condition d'être laborieux et instruit tout autant que pieux et régulier. ..... »

A la suite, et conformément à un article du Rapport approuvé en tous points par Mgr Mellon-Jolly, alors archevêque de Sens, un *Bulletin* devait paraître tous les trois mois. Cinq numéros seulement, jusqu'à la mort de l'historiographe, ont pu être publiés.

MANUSCRITS.

Outre les différents ouvrages dont il vient d'être parlé; outre quelques travaux que le manque de constance et de temps ne lui a pas permis d'achever comme la traduction de Rémy d'Auxerre *(Explication de la messe),* la traduction en vers français des *Pontiques, Sophie* ou la *domestique du presbytère,* une *Notice biographique* de M. l'abbé Martin, le *Traité de la Sainte-Communion* par le R. Bon Seigneur de Cacciaguerre, qu'il avait entrepris de traduire et de mettre à la portée des âmes pieuses; outre enfin des documents et des notes qu'il a réunis en assez grand nombre sur divers objets à savoir : sur l'histoire de Villeneuve-le-Roi, sa ville natale, sur la statistique littéraire et bibliographique de l'Yonne, sur la statistique religieuse du diocèse, sur les reliques des saints que possèdent nos églises, sur les vies des saints et des prêtres déportés de Sens et d'Auxerre, sur les médailles, les sceaux et les inscriptions tombales de notre pays et aussi sur les fabulistes de tous les temps; M. l'abbé Duru a encore laissé des manuscrits dont il faut également donner la liste.

— LA THÉBAÏDE, imitation en vers français d'un épisode des *Martyrs* de Châteaubriand. Un volume in-4°, 1828. Ce volume renferme une lettre autographe de M. de Châteaubriand à l'auteur qu'il remercie d'avoir prêté *des ailes* à sa muse pédestre, qu'il félicite de *la belle harmonie* de ses vers et dans le travail duquel il *trouve les espérances d'un vrai talent*.

— Les Tristes d'Ovide, traduction en vers français. 1 vol. in-f°.

— Recueil de chansons avec accompagnement de guitare. 1 vol. in-f°.

— Scènes pastorales, poésies. in-8°.

— Glanes profanes, poésies. 2 vol. in-8°. Traduction de différents poètes latins : Pentade ; Ausone, *la Journée*; Lejay ; Pallade ; Euchérie ; Lactance, *le Phénix*, etc. M. l'abbé Lallier trouvait ce dernier travail *(la traduction du Phénix)* digne de l'impression et le préférait à l'original (*).

— Poésies sacrées et religieuses. Paraphrase de Job; traduction en vers français du Cantique des Cantiques, d'une partie des Psaumes, de Baruch, d'Isaïe, des Petits-Prophètes, de l'Ecclésiaste (*paroles du Koheleth*). 4 vol. in-8°.

(*) Lettre de M. Lallier du 18 janvier 1862.

M. Duru, ayant soumis sa traduction du Koheleth à M. l'abbé Lallier, en reçut la lettre suivante : « Votre traduction m'a paru très-bonne. Je l'ai comparée à l'original et trouvée fidèle et très-exacte : » Et il ajoutait à cette occasion : « Vous m'honorez du titre de maître. Si je l'avais jamais été, les choses auraient bien changé depuis; et le maître serait devenu le disciple. Que n'étais-je auprès de vous pour vous consulter, avant de mettre au jour mes faibles productions ! elles auraient été moins imparfaites. »

— Fables nouvelles, pouvant former un troisième volume.

— Symboles ou emblèmes d'Achille Bocchi, avec des imitations et des traductions. Travail du même genre que celui de Symposius, mais inachevé, in-8º.

— Mélanges, poésies, in-4º.

— Epitres. 1 vol. in-fº.

— Nocturnes et harmonies religieuses, poésies. 1 vol. in-fº.

— Mes souvenirs, recueil en vers français. 1 vol. in-f°. L'auteur y a exprimé, en des vers souvent pleins d'une rare félicité, d'une douce harmonie et l'on peut dire de chaleur, ses pensées, ses sentiments, ses projets, ses déceptions, sa vie tout entière. Ainsi qu'il l'a dit lui-même dans une note, ce sont en quelque sorte *ses* confessions. Il les a fait précéder d'une espèce d'avertissement qui révèle bien le poëte et le poëte vertueux. On s'est souvent demandé pourquoi il s'était tant adonné à la poésie ; il en dit là la raison : c'était par un besoin d'épancher le trop plein de son cœur, de rendre les impressions qui se succédaient vives, fortes et nombreuses dans son âme sensible. On ne saurait en disconvenir, M. Duru avait pour la littérature et particulièrement pour la poésie des dispositions exceptionnelles. Ainsi l'a toujours jugé son cher maître, M. l'abbé Lallier, qui lui écrivait à une certaine époque : « Je me rappelle toujours avec plaisir les premières et heureuses années où j'étais entré dans l'instruction publique, plein de zèle et d'ardeur, et où mon cœur sentant le besoin de s'épancher, j'éprouvais pour mes chers élèves une affection toute paternelle. Vous étiez un des plus distingués et vous avez justifié et surpassé ce que je préjugeais dès lors. Vos vers m'ont reporté à cet âge déjà si éloigné ; en les lisant, je me suis cru rajeuni. Ils sont beaux, agréables, faciles ; ils montrent que vous auriez pu réussir dans la poésie, et vous placer au rang des amis des Muses, si vous n'aviez pas dirigé votre esprit et vos travaux vers de plus nobles et plus importants objets (*). »

— Cours d'histoire naturelle. « J'avais fait, dit l'auteur, ce manuscrit pour un cours au Petit-Séminaire d'Auxerre. Cette compilation renferme ce qu'il y a de mieux dans Buffon pour les oiseaux,

(*) Lettre du 7 juin 1856.

et les tableaux d'A. Comte. » 1 vol. in-f°.

— Lettres sur la botanique. In-4° avec atlas. Auxerre, 1844. On lit au commencement du volume : « Les lettres sur la botanique ou la *Flore poétique* ont été le rêve de quelques années de ma vie (1829-1832). Les vicissitudes qui me sont survenues et mon élévation au sacerdoce ne m'ont pas permis de continuer ces charmantes études dont je n'ai écrit que quelques lettres.

« Quant aux dessins que j'ai réunis ici sous le titre d'Atlas, ils ne sont eux-mêmes qu'un débris. Les lettres eussent formé plusieurs volumes et l'Atlas eut représenté de 800 à 1,200 planches. Je n'ai pas voulu laissé périr ces quelques feuilles et je les ai réunies ici pour m'être un doux souvenir de ces goûts innocents d'un âge moins sérieux. »

— Cours d'enseignement religieux et moral a l'école normale d'Auxerre. Plusieurs volumes in-f°.

— Glose du catéchisme de Sens, à l'usage des élèves-maîtres de l'Ecole normale de l'Yonne. 1 volume in-f°. « Cette glose, dit l'auteur, est destinée à aider le catéchiste dans les explications à donner. A la fin de chaque leçon on y trouve un ou plusieurs traits d'histoire, une pratique et une prière. »

Bon nombre d'ecclésiastiques ont témoigné à M. l'abbé Duru le désir de le voir publier ce travail. Il y fut un moment résolu et avait à cet effet sollicité et obtenu l'approbation de Mgr l'archevêque Mellon-Jolly. Mais il recula devant la crainte que tôt ou tard le catéchisme alors en usage ne fût changé : ce qui précisément, en vertu de la décision du Concile œcuménique sur le *petit catéchisme*, et conformément au vœu depuis longtemps exprimé par le clergé, ne peut manquer ni même tarder d'avoir lieu.

— Manuel de l'Instituteur bibliophile,

ou choix des livres qui peuvent composer la bibliothèque d'un Instituteur ami de l'étude et des devoirs de son état. 1 vol. in-8º.

— CATALOGUE DES SAINTS DE SENS ET D'AUXERRE. Il contient avec le nom de tous les saints qui appartiennent à notre diocèse, le lieu où ils ont vécu, la date de leur mort, les églises où ils sont honorés et la liste aussi complète que possible des auteurs qui ont écrit leur vie.

— VADE MECUM DE NUMISMATIQUE. 1 vol. in-18, 1847. Fait avant le catalogue qui suit.

— DESCRIPTION ET EXPLICATION DES MÉDAILLES DE MON CABINET. Médailles gauloises et françaises : médailles des barons et des évêques, jetons, méreaux, bronzes et plombs, etc. 1 vol. in-fº.

— DESCRIPTION ET EXPLICATION DES MÉDAILLES DE MON CABINET. Médailles grecques et romaines. 1 vol. in fº.

Ces deux catalogues, ainsi que les médailles dont ils donnent la description et l'explication, sont à la bibliothèque de la ville d'Auxerre, à laquelle M. Duru les a laissés en mourant comme un perpétuel témoignage de sa vive sympathie pour la *Société des Sciences historiques et naturelles de l'Yonne*. Il manque toutefois à sa collection de médailles l'importante série des *Consulaires* qu'il a léguée avec sa collection de portraits (1,200 gravures environ) à son neveu Paul Quesvers.

— CATALOGUE DES LIVRES DE MA BIBLIOTHÈQUE. 1 vol. in-f°. Il renferme, outre le prix des ouvrages, des notes sur les plus rares et les plus précieux d'entre eux. C'est une sorte de manuel du libraire; mais le prix est généralement trop élevé. Catalogue et bibliothèque, contenant de six à sept mille volumes, sont à la maison de Pontigny, laquelle possède encore du même donateur, son herbier, sa collection d'oursins et sa collection de sceaux parmi lesquels se trouvent ceux de Seignelay, de Chablis et de Pontigny.

Si à ces nombreux travaux imprimés, manuscrits ou mis seulement sur le chantier, on joint les occupations plus nombreuses encore du professeur, de l'aumônier et du prêtre, on est véritablement étonné de tant d'activité.

Et cependant M. l'abbé Duru, à son lit de mort, exprimait amèrement le regret de n'avoir pas fourni une carrière plus utile; d'avoir scandalisé peut-être, plutôt qu'édifié, par la futilité d'une partie de ses études.

C'est qu'à cette heure suprême, on sent tout le néant, ou du moins le peu de valeur de ce qui n'est pas directement entrepris pour la gloire de Dieu et le salut des âmes.

Mais, sous ce dernier rapport, la part de celui dont on vient de lire la vie est encore belle, et tout en prenant place parmi les hommes de lettres et les savants, il a pris place aussi, sur la terre parmi les bons prêtres, et dans le Ciel parmi les élus de Dieu.

Auxerre, le 12 Décembre 1870.

APPENDICE.

APPENDICE

§ I.

Extraits de différentes lettres, dans lesquelles se manifeste la tendresse de l'abbé Duru pour ses enfants spirituels.

« A une époque où je n'étais rien, la Providence s'est servie de moi pour vous retirer de la voie de perdition ou vous couriez à grands pas; elle vous prit par la main, vous amena dans ma retraite et me dit : Je te le confie; rends-le bon et vertueux et fais lui goûter le bonheur que procure le joug de ma loi. Je tressaillis et je m'empressai d'obéir; mon cœur a toujours bondi de joie quand j'ai pu être utile à quelqu'un; vous correspondîtes à la grâce de Dieu et vous marchiez si vite dans le bien que je vous admirais. Le jour de l'épreuve arriva. Comment s'est-il passé? O vous que je chérissais comme un frère, avez-vous été fidèle? Aujourd'hui me voici prêtre de ce Dieu clément que vous aviez retrouvé. Ah! que je vous aime bien plus tendrement depuis que le caractère sacerdotal m'a été donné! Je vous aimais comme un ami peut aimer un ami; je vous aime à présent en prêtre de Jésus-Christ, c'est-à-dire avec des entrailles brûlantes de charité. On ne sait guère combien la religion, et en particulier le caractère sacré de ministre des autels, étend le sentiment de l'homme Mon ami, mon frère, je pourrais dire aujourd'hui mon fils, si vous avez failli ne vous endurcissez point. Venez me consoler des peines que m'a causées votre silence. Je n'ai point rougi de vous, quand vous me découvrîtes vos premières plaies; si elles se sont rouvertes, si l'ennemi vous en a fait de nouvelles, j'ai plus de baume encore à y mettre que par le passé. Je suis médecin aujourd'hui. Je vous rouvrirai le Ciel; j'ai les clefs du Ciel dans mes mains, aujourd'hui. O mon ami, mon cœur s'est dilaté; venez et jetez-vous y. »

— « ……… On dit qu'il y a d'intimes et merveilleuses relations entre le cœur de la mère et celui de son petit enfant, de telle sorte que, même en dormant, elle le prend et l'allaite, elle le couvre de ses baisers et le berce pour l'endormir. Diriez-vous qu'il n'y a rien de pareil dans la paternité spirituelle? Je vous tiens de loin entre mes bras; je vous nourris du sang de Jésus-Christ que je verse chaque jour sur le Calvaire non sanglant; vous reposez sur la poitrine du cher Maître qui habite en la mienne ; et mon silence peut servir à vous endormir dans l'amour unique du Seigneur, parce qu'il vous apprend à n'aimer que pour lui et en lui, dans l'inénarrable soumission et paix de sa dilection. »

— « .... Mon bien cher enfant, car ma tendresse pour vous ne me permet pas de vous appeler autrement, mon bien cher enfant, votre bonne lettre est tombée sur mon cœur comme une goutte de baume. Loin de moi vous voulez rester mon enfant et recevoir les conseils de mon expérience et de l'affectueux intérêt que je vous porte. Dieu soit loué ! Si tous les jeunes maîtres en usaient de la sorte, ils persévéreraient dans la vertu et seraient tous de puissants instruments entre les mains de Dieu. Disons aussi qu'ils seraient plus heureux. Qu'y a-t-il, en effet, de meilleur au cœur si inquiet, si inconstant et si souvent troublé de l'homme, que ce refuge de la tendresse sacerdotale. Dans ce cœur de prêtre qui nous a guéris de nos premières blessures et qui a donné la direction à nos premiers pas, nous trouvons toujours un encouragement, une consolation, un renfort, un remède. Là point de reproches amers, point d'ironies sanglantes, point de glaciale sécheresse. C'est toujours le cœur où notre cœur s'est trouvé à l'aise ; les bras entre lesquels nous nous étions jetés nous restent toujours ouverts, et l'amour......... Ah ! mon ami, on n'aime bien que dans l'amour que la charité allume !......... »

§ II.

Témoignages de reconnaissance adressés à l'abbé Duru par ses anciens élèves du Petit-Séminaire ou de l'École Normale.

« Plus je vois approcher le sacerdoce, plus je songe avec reconnaissance que c'est à vous, après Dieu, à qui je serai redevable de cette grâce insigne, puisque c'est vous qui m'avez ramené de bien loin dans la voie où je devais marcher et m'avez fait connaître l'adorable volonté de Dieu. »

— « .... Je vous dois une vive reconnaissance pour la part que vous avez eue dans l'affaire de ma vocation à la vie religieuse............ Merci donc, merci mille fois de l'immense service que vous m'avez rendu ; vous m'avez sauvé............ »

— « .... Le dessous de la châsse de S. Vincent, Notre-Dame-des-Victoires et la tant vieille et tant noire madone devant laquelle S. François de Sales fit son vœu, Montmartre, puis le tombeau de La Fontaine, voilà ce que j'aime par-dessus tout à Paris. D'où vient cela ? sans doute de ma première éducation littéraire, ecclésiastique et lazaristique. Et comme les premiers plans de cette éducation ont été en grande partie tracés par *le brave* *homme* auquel j'ai l'honneur d'écrire aujourd'hui, il s'en suit, Monsieur Duru, qu'aujourd'hui plus que jamais je sens un vrai besoin de reconnaissance à votre égard pour toutes les jouissances que vous m'avez préparées (*). »

— «......... Le bon Dieu est le principe de l'affectueuse reconnaissance que je vous dois pour vos nombreux bienfaits ; et comme lui, elle sera éternelle. Si la piété filiale inspire à un enfant bien né de tendres sentiments pour son père, que sera-ce d'un fils qui a tant coûté, qui a été si douloureusement conçu en Jésus-Christ. Oh! mon cœur est attendri, il éprouve je ne sais quel sentiment, quelle émotion pénétrante au seul souvenir du passé! Il n'y a que Dieu seul qui puisse comprendre tout ce que je vous dois de tendresse............ »

— «......... Bien des fois j'ai pensé aller à Auxerre pour vous voir, et mes petits projets ont échoué. Mais si la distance sépare les corps, les âmes sont toujours unies ; il y a entre elles un lien de parenté spirituelle plus excellent mille fois que toutes les parentés de la terre Ce lien, bien cher père, demeurera toujours, même dans l'autre monde, comme je l'espère de la miséricorde du bon Dieu ; lien admirable qui commença le jour où vous reçûtes dans vos bras le pauvre prodigue............ »

— « .... Permettez à un de vos anciens enfants

(*) Extrait d'une lettre de Mgr. Delaplace à M. Duru.

de vous donner encore le doux nom de père, qui lui rappelle des temps heureux N'était-ce pas, en effet, un temps de bonheur que ces jours pendant lesquels mes frères d'école et moi, nous étions l'objet de votre constante sollicitude et de vos plus chères affections. Et pourrions-nous ne pas regretter d'avoir vu s'écouler si vite cette époque de notre jeunesse, passée dans l'intimité du meilleur des pères ? Mais bien cher père, si nous vous avons quitté, nous avons conservé le souvenir de vos paternelles leçons et nous nous appliquons chaque jour à les mettre en pratique de mieux en mieux. C'est par elles et avec l'aide du bon Dieu que nous sommes à même de faire un peu de bien, chacun dans notre commune Que le bon Dieu vous en bénisse, cher père ! qu'il répande sur vous des grâces abondantes en vue du bien que vous accomplissez par nos mains ! car, tout le mérite doit vous en revenir........... »

§ III.

Lettre de l'abbé Duru sollicitant l'érection d'une chapelle à l'École Normale.

« Je vois chaque cours une fois la semaine pour la leçon qui lui est propre. Or, les jeunes gens m'ont toujours paru attentifs, dociles, appliqués.

Les devoirs que j'ai exigés ont été faits avec assez de zèle. De bons sentiments y étaient exprimés.

« Mais que peuvent mes leçons de professeur ? Eclairer l'esprit, guérir les préjugés, fortifier la foi, y ramener peut-être. Le cœur a bien peu à y prendre; et ce serait le cœur qu'il faudrait gagner. Le cœur m'échappe parce que je ne pourrais l'atteindre, l'impressionner, le conquérir qu'au pied de l'autel et dans les allocutions paternelles où le prêtre cesserait d'être le professeur, l'homme, et redeviendrait l'ange de Dieu et le ministre de ses miséricordes. Ah! Monsieur, le ciel m'a béni, je lui en rends grâces, j'ai eu le bonheur d'opérer déjà quelque bien dans cet établissement; mais que serait-ce s'il m'était donné d'exciter les élèves par leurs propres exemples et de leur distribuer moi-même en famille, sous le toit qu'ils habitent avec leurs maîtres, et le pain de la morale évangélique qui nourrit l'âme, et le pain de l'Eucharistie qui la régénère et la sanctifie; s'il m'était donné de m'identifier en quelque sorte avec mes jeunes disciples par une action plus directe, plus complète, plus intime.

« Sans doute la confession est fréquente. On m'a demandé trois heures pour mon ministère à l'École. J'en accorde régulièrement six et souvent neuf : trois heures pour les conférences, le reste pour les confessions et les entretiens avec les jeunes gens qui jugent à propos de me consulter. Au carême dernier, j'ai en outre accordé deux heures par semaine pour une instruction à l'oratoire. Tout cela est bon; tout cela produit des fruits. Mais je dois le dire hardiment, parce que j'en suis convaincu, il n'y aura pas de réforme intérieure solide à l'Ecole tant que les élèves ne seront pas renfermés dans l'établissement et n'auront pas des prières, des offices, des sermons, tout un enseignement religieux en harmonie avec leurs besoins actuels et l'état qu'ils veulent embrasser.

« Ils arrivent pour la plupart à l'École sans vocation, ayant perdu déjà depuis plusieurs années les habitudes vertueuses et les leçons de la foi; la peur de la conscription est le seul motif qui nous les amène. Eh bien! ils sont tous des hommes à refaire; et pour cela combien de temps a-t-on? trois années! Quels moyens? vous le savez. Jamais on ne parviendra au but qu'on se propose, si on ne crée le moyen d'exercer sur les sujets une action complétement régénératrice; et la religion seule le peut. Elle seule s'emparera de ces jeunes cœurs, elle seule les ornera des vertus précieuses et rares de l'instituteur, elle seule les enverra comme des apôtres au milieu de nos populations qui ont besoin que l'enseignement ne soit plus un vil métier, mais ce qu'il doit être, un second sacerdoce.

« Les élèves suivant leurs cours à l'École ne profiteraient pas seuls à l'érection d'une chapelle domestique. Tous les ans, pendant les vacances, on convoque à l'École une partie des instituteurs du département. Ils viennent ici pour faire en quelque sorte une retraite scientifique. Or, dites-le moi, n'ont-ils besoin que de se réconcilier avec les méthodes d'enseignement grammatical et autres? Le plus grand nombre n'a-t-il pas oublié, s'il l'a jamais possédé, un enseignement plus important encore et plus nécessaire à la moralisation des peuples? Donnez-nous une chapelle et un culte à l'École; et nos vieux instituteurs qui n'ont jamais rempli peut-être leurs devoirs de chrétien trouveront dans les trois semaines qu'ils viennent passer ici, les moyens de sortir de leur ignorance, de mettre ordre à leurs affaires spirituelles et de se réconcilier avec Dieu; et ils pourront retourner à leur village avec des vues nouvelles et un cœur nouveau.

« Pour ce qui est de moi, Monsieur, je ne suis pas grâce à Dieu, le mercenaire qui vend son temps. Aussi dans la demande de l'érection d'une chapelle domestique à l'École normale de l'Yonne, qu'on ne craigne pas les frais nécessités par la création d'une aumônerie : je ne réclame rien, absolument rien pour moi; ma position me suffit; je ne veux qu'un bien plus grand, plus solide, plus durable à opérer; je ne veux que pouvoir espérer avec fondement que l'École normale de l'Yonne deviendra une pépinière de bons maîtres. »

§ IV.

Extrait des Comptes-rendus des conférences catéchistiques de l'École normale de l'Yonne.

CONFÉRENCE
Du 23 Novembre 1855.

MM. C. S. G. G. P. V·

M. C.
Allocution sur l'envie.

La tenue de M. C. est raide : il tient ses bras croisés, sa tête droite et immobile. Il parle un peu trop vite. Son ton n'est pas toujours naturel, mais il est assez varié.

M. S.
Récitation et résumé.

Pour commenter cette proposition : *où le péché nous avait réduits,* il se contente d'ajouter : *amoindris.*

1° La proposition n'est pas française ;
2° Le mot ne dit pas assez ;
3° Il fallait appuyer là-dessus et montrer tout le mal que nous a fait le péché.

Il pose la question : Que veut dire *engendré ?*
Silence.

Il adresse la question à un autre qui répond : *formé.*

Mais *formé* ne signifie-t-il pas qui a une forme ? Or les corps seuls ont des formes. L'Intelligence infinie en aurait-elle une ? Cet élève-maître ne sait pas faire une leçon et encore moins la rendre attrayante. Il est froid, lent, endormi et laconique à l'excès.

M. G.
Explication de la leçon de la Rédemption.

Il laisse à désirer dans quelques endroits. Il dit bien ce que c'est qu'*acheter*, mais il n'attire pas l'attention sur *racheter*. Comment étions-nous vendus et à qui ? Il y avait beaucoup à dire ici. Dans plusieurs endroits, les explications sont incomplètes et les expressions y manquent quelquefois de justesse. Par exemple, en parlant des mérites de Jésus-Christ, il se laisse aller à dire que tout ce que Dieu fait est infini ; alors une pierre est infinie, et comme Dieu seul est infini, une pierre est Dieu. M. G. serait-il panthéiste ?

La leçon, à part ces taches, a été excellente, pleine de feu, d'onction, de piété.

M. G.
Il corrige une copie.

Il trouve que la rédemption est un mystère, et en cela il ne fait que professer un dogme de la religion chrétienne, mais où il trouve le mystère, c'est .... c'est que Dieu, que la divinité soit morte !............

M P.

Il corrige une copie.

Il dit à son élève : vous avez écrit *signifie f-i-t fit.* Et il n'ajoute pas un mot de plus. Qu'arrivera-t-il ? Que demain ou dès ce soir l'enfant écrira *fi.*

M. V.

Il préside.

Ses avis sont bons, il manque d'aplomb, son ton n'a ni la dignité ni l'assurance qu'il faudrait.

CONFÉRENCE

Du 28 Décembre 1858.

MM. J. G. C. H. B. J.

M. J.

Allocution sur le respect envers les parents.

Bonne tenue; détails charmants et pleins de cœur; exemples bien appliqués à l'appui de la doctrine. Si le fonds n'est pas entièrement de lui, la forme lui appartient presque toujours, et elle est bonne.

M. G.

Récitation et résumé de la leçon précédente.

Toujours des inflexions de voix peu naturelles et une manière d'affectation pour certains mots. Du reste excellentes explications.

M. C.
Explication de la leçon de l'homme et de sa chute.

Prononciation vicieuse : capáble, coupáble, le premié homme, *in* corps, *in* autre, pour un corps, un autre, pátion pour passion.

M. H.
Correction d'une copie.

M. H. lit la copie de son élève d'un ton tout à fait convenable, d'un air grave et doux ; il s'arrête aux mots, aux expressions qui méritent des observations. Il s'exprime avec clarté et n'omet rien. S'il adresse un reproche, ce reproche est motivé ; s'il donne un éloge, il en est de même. Rien ne lui échappe ; la correction est complète et pleine d'intérêt.

M. B.
Il corrige une copie.

Il confond le mot définition avec le mot explication et les emploie sans distinction comme s'ils étaient des termes synonymes. Bien du reste.

M. J.
Il préside.

Il adresse une observation fort juste sur la manière de prendre et d'offrir de l'eau bénite en entrant dans l'oratoire. Les enfants péchent beaucoup par les formes et on loue M. J. d'y faire attention. Mais une remarque qui lui a échappé et sur laquelle on est déjà venu plusieurs fois, c'est que généralement les élèves-maîtres interrogent les enfants les plus capables de répondre.

CONFÉRENCE

Du 29 Février 1856.

MM. C. J. J. V. L. G. L.

M. C.

Allocution sur le jugement.

En général cette glose a ressemblé à la leçon que récite un écolier. Rien n'y a paru senti, excepté à la fin. Le maître s'est alors un peu ranimé et il a été plus satisfaisant.

M. J.

Récitation et résumé.

Un peu bref et sec dans ses commentaires; voix aigre; explications incomplètes.

Il reprend à faux. L'élève dit que la religion juive était la préparation de la religion chrétienne. Le maître l'interrompt pour lui faire dire qu'elle en était l'abrégé! Evidemment il est ici au-dessous de son disciple.

M. J.

Explication du chapitre : Du gouvernement de l'Eglise.

M. J. est un peu trop laconique. C'est dommage; car à part ce défaut, il est très-clair, très-net, très-satisfaisant, et pour une première fois on n'attendait pas autant de lui. Son défaut de prononciation n'a même paru que faiblement.

M. V.

Il corrige une copie.

Bien.

M. L.

Il corrige une copie.

Rien à reprendre.

M. G.

Il corrige une copie.

Observations utiles et reproches faits avec le ton d'un maître pénétré de la nécessité de l'instruction religieuse. Seulement il eut fallu à la fin s'adoucir un peu, témoigner quelque espérance d'amendement, encourager affectueusement.

L'élève écrit : Il faudrait que les églises *soit ;* le maître dit *soient ;* il fallait *fussent*. M. G. aurait-il peur de trop bien parler?

M. S.

Il préside.

Les avis qu'il donne en terminant la séance indiquent un esprit attentif et une excellente surveillance.

§ V.

Lettre de Chateaubriand à M. l'abbé Duru.

Paris, 1ᵉʳ Janvier 1832.

Vous me faites trop d'honneur, Monsieur, en

prêtant à ma muse pédestre, *musa pedestris,* les ailes de votre muse. Vos vers prouvent que vous avez une oreille sensible à cette harmonie trop négligée des poëtes de notre temps. Si vous m'avez mal jugé, Monsieur, je ne crois pas vous juger avec indulgence en trouvant dans votre *Thébaïde,* les espérances d'un vrai talent.

J'ai l'honneur de vous offrir, Monsieur, mes remercîments et l'assurance de ma considération très-distinguée

CHATEAUBRIAND.

§ VI.

Sentiments exprimés par l'abbé Duru, quelques jours avant sa mort.

Je remets mon âme entre les mains de Dieu qui a bien voulu la créer, et je rends mon corps à la terre avec une humble et parfaite soumission, en attendant, plein de confiance dans les mérites de Jésus-Christ mon Sauveur, le jour de la résurrection bienheureuse.

Je demande à Dieu pardon de tous les péchés que j'ai commis et je lui offre, en expiation de toutes mes fautes, le sacrifice volontaire de ma vie.

Je confie mon âme à la Vierge Immaculée que j'ai toujours honorée comme ma mère et ma protectrice avec un amour filial. Je la confie aussi à mon ange gardien et à mes saints patrons : par le baptême, S. Louis, roi de France, et S. Maximilien, martyr; par la confirmation : la Sainte-Vierge Marie, mère de mon Rédempteur, S. Joseph et S. Louis de Gonzague. Je les prie de m'assister de leur crédit à l'heure où je serai jugé.

Je meurs et veux mourir dans les sentiments les plus purs de la foi de notre Sainte Mère l'Église catholique, apostolique et romaine, et je proteste de toutes mes forces contre ce que j'aurais pu dire, faire, enseigner ou écrire de contraire à sa doctrine révélée d'en haut, et à son autorité infaillible.

Je vénère et aime filialement le chef visible et auguste de cette divine Eglise, et je proteste contre tout ce qui peut porter atteinte à sa puissance spirituelle, et aussi à sa royauté temporelle que la sagesse de Dieu a établie pour le libre exercice et le solide maintien de la religion sur la terre.

Je demande humblement pardon à tous ceux que j'ai pu offenser ou contrister en quoi que ce soit, comme j'ai toujours pardonné et comme je pardonne du plus profond de mon cœur à ceux qui seraient devenus mes ennemis ou qui m'auraient causé quelque tort.

Je supplie très-instamment tous les prêtres de l'Église de Sens et d'Auxerre, mes très-honorés confrères, d'oublier ma vie tiède et peu fructueuse dans les œuvres du Saint Ministère et je les conjure, au nom de la charité de Notre Seigneur, de m'accorder au saint autel, pour le repos de mon âme, le suffrage de leurs prières.

TABLE DES MATIÈRES

CHAPITRE I.
1804—1822
Enfance de Louis-Maximilien Duru. — Ses premières études à la Petite Communauté de Paris. — Il reçoit la tonsure et le saint habit. — Il est nommé clerc de la maison du Roi.   1

CHAPITRE II.
1822—1830
Louis-Maximilien Duru entre en qualité de Maître d'étude et devient Professeur au collége de Joigny. — Ses relations avec M. l'abbé Lallier. — Son zèle pour le salut des âmes. — Ses études. — La révolution de 1830 le force à quitter Joigny. . . .   23

CHAPITRE III.
1830—1832
Séjour de M. Duru à Villeneuve-le-Roi. — Ses voyages à Paris. — Il entre au Petit-Séminaire d'Auxerre.   44

CHAPITRE IV.

1832—1834

M. Duru professeur au Petit-Séminaire d'Auxerre. — Ses épreuves par rapport à sa vocation pour l'état ecclésiastique. — Il reçoit les Saints-Ordres. 57

CHAPITRE V.

1834—1839

Les ramoneurs. — Soins paternels de l'abbé Duru pour ses élèves et ses enfants spirituels. — Reconnaissance de ces derniers. — L'abbé Duru quitte le Petit-Séminaire. 73

CHAPITRE VI.

1839—1843

§ 1. — L'HOPITAL-GÉNÉRAL.

Les dames de la Providence d'Evreux. — M. Girard de Cailleux. — Communauté d'idées et d'efforts entre le directeur et l'aumônier touchant le bien des malades. 94

§ II. — PERRIGNY.

Situation physique et état moral de Perrigny. — L'abbé Duru, curé. — Intérêt qu'il continue de porter au Petit-Séminaire. — On lui propose l'aumônerie du Collége et celle de l'Ecole normale. 105

CHAPITRE VII.

1843—1853

L'abbé Duru à l'Ecole normale. — Grâce à ses persévérants efforts, il parvient à y faire régner l'esprit religieux. — L'abbé Duru professeur. — L'abbé Duru directeur spirituel. 115

CHAPITRE VIII.
1853-1858

Considération dont jouit M. l'abbé Duru. — Ses luttes. — Mort de son père. — Sa sortie de l'Ecole 141

CHAPITRE IX.
1858-1859

Le Pénitencier. — Dernières années de l'abbé Duru. — Sa cécité et sa maladie. — Sa mort.

CHAPITRE X.
PORTRAIT DE L'ABBÉ DURU.

§ I. — Son portrait physique. — Ses qualités. 199
§ II. — Vertus de l'abbé Duru. 213
§ III. — Amour de l'abbé Duru pour la solitude. — Besoin qu'il a toujours ressenti d'un ami. 230

CHAPITRE XI.

Rapports de M. l'abbé Duru avec les hommes de lettres et les savants. — Ses travaux. — Ses collections. 245

APPENDICE.

§ I. — Extraits de différentes lettres dans lesquelles se manifeste la tendresse de l'abbé Duru pour ses enfants spirituels. 285

§ II. — Témoignages de reconnaissance adressés à l'abbé Duru par ses anciens élèves du Petit-Séminaire et de l'Ecole normale. 288

§ III. — Lettre de l'abbé Duru sollicitant l'érection d'une chapelle à l'Ecole normale.   290
§ IV. — Extraits des comptes-rendus des conférences catéchistiques de l'Ecole normale de l'Yonne. . . .   294
§ V. — Lettre de Châteaubriand à l'abbé Duru.   299
§ VI. — Sentiments exprimés par l'abbé Duru quelques jours avant sa mort. . .   300

Montereau, L. ZANOTE, Imprimeur

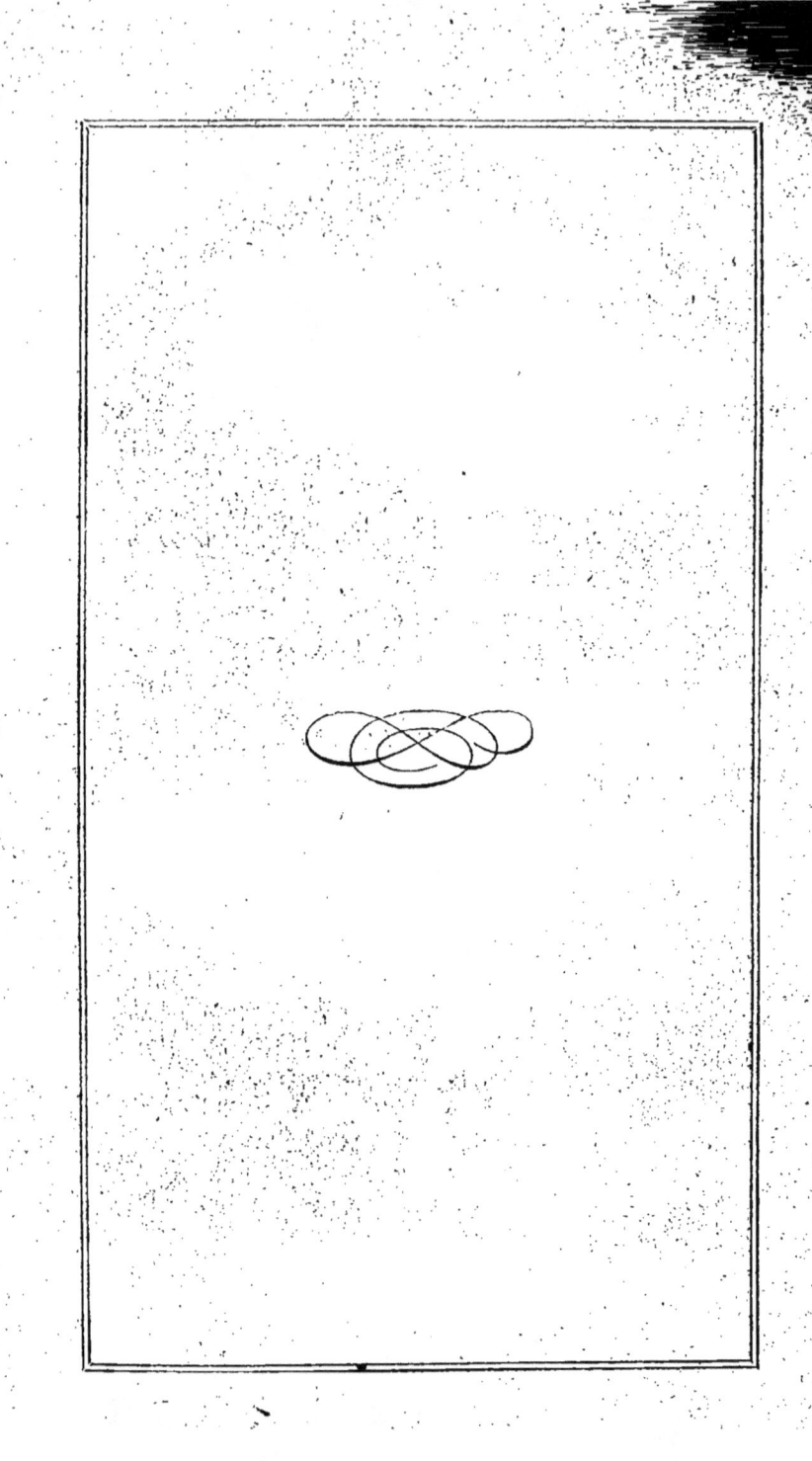

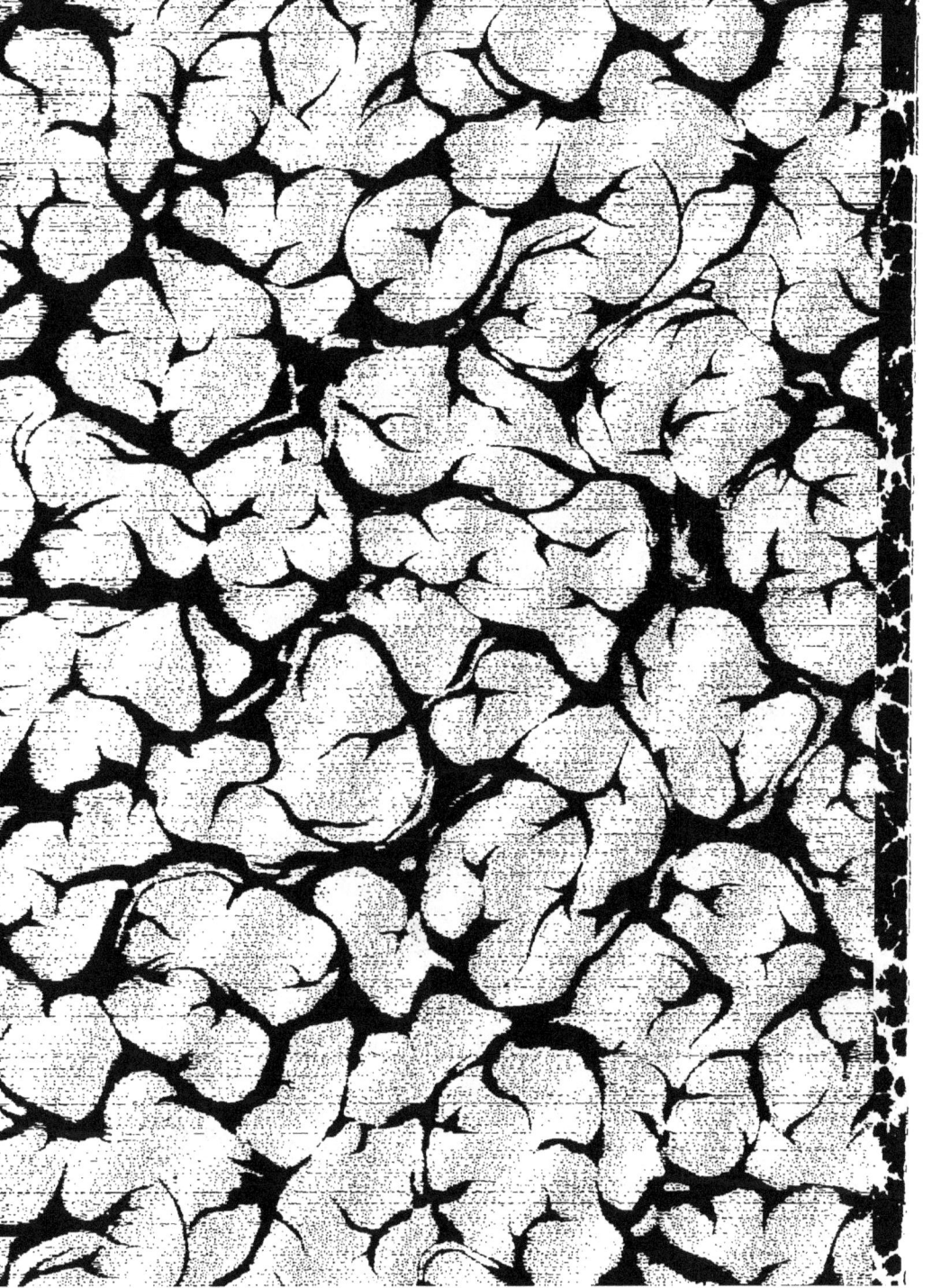

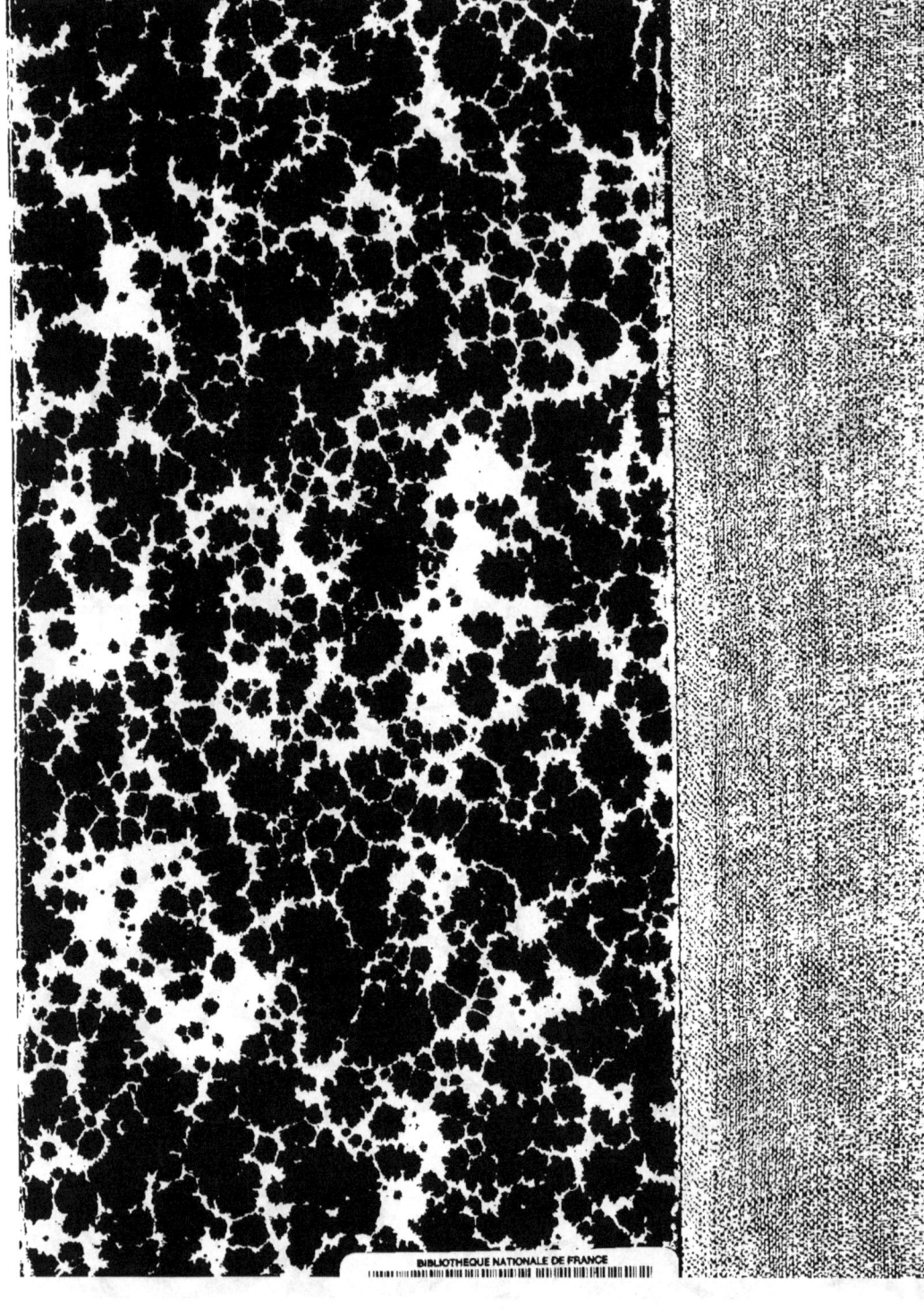

www.ingramcontent.com/pod-product-compliance
Lightning Source LLC
Chambersburg PA
CBHW071331150426
43191CB00007B/701